性問題行動のある
知的障害者のための
16ステップ

「フットプリント」心理教育ワークブック

クリシャン・ハンセン／ティモシー・カーン 著

本多隆司／伊庭千惠 監訳

明石書店

FOOTPRINTS
Step to a Healthy Life, Second Edition
by Krishan Hansen and Timothy Kahn

Copyright © 2012 Krishan Hansen and Timothy Kahn
Japanese translation published by arrangement with
Safer Society Foundation, Inc.
through The English Agency (Japan) Ltd.

わたしのフットプリントワークブック
大切(たいせつ)につかいましょう。安全(あんぜん)な場所(ばしょ)におきましょう。

わたしのなまえ

_____

わたしの年齢(ねんれい)

_____

ワークブックをはじめたとき

_____

わたしの確認表

ステップ1 自分のことをしろう		□自分のルールをかいた □自分への手紙をかいた
ステップ2 カウンセリングってなんだろう		□自分の問題をかいた □自分がめざしているゴールをかいた □自分の進歩を確認するために日記かスターチャートをかいた
ステップ3 正しいタッチ		□正しいタッチをする誓いにサインした
ステップ4 わたしの歴史		□自分の歴史をかきだした □自分のまちがった4つの段階をかいた
ステップ5 境界線		□境界線のシートをつくった
ステップ6 性的な気もちと人間関係		□よい空想のスクラップブックをつくった □みえない感覚に気づくシート（CSシート）をかいた □考えかたストップカードをつくった
ステップ7 正しい考えかた		□考えかたエラーをつくった □価値（大切な考えかた）のリストをかいた
ステップ8 きっかけ		□自分のきっかけのリストをかいた
ステップ9 危険ゾーン		□自分の危険ゾーンと脱出計画をかいた
ステップ10 選択		□自分のきっかけと選択をかいた □自分の選択を考えるためにソーダ S.O.D.A. シートをかいた
ステップ11 気もち		□自分の怒りをコントロールするために怒りのきろくをかいた □リラックスできることのリストをつくった
ステップ12 行動のサイクル		□犯罪のサイクル □わるい行動のサイクルをつくった □よい行動のサイクルをつくった
ステップ13 被害者と共感		□あなたをきずつけた人への手紙をかいた □まちがったタッチをした人への手紙をかいた
ステップ14 安心して生活するためのわたしの計画		□安心して生活するためのわたしの計画をつくった
ステップ15 復習してまとめよう		□スクラップブックとこれまで勉強してきたこと全部をいっしょにした
ステップ16 ステップを実行して生きる		□あたらしい自分への手紙をかいた □あたらしい私でいるためのよい生活の約束をかいた □自分のルールをかいた
いま、ほかにどんなことに、 とりくんでいますか		わたし じしんのゴール □ □ □

目次

この本にかいてあること　7

ステップ 1	自分のことをしろう	11
ステップ 2	カウンセリングってなんだろう	31
ステップ 3	正しいタッチ	51
ステップ 4	わたしの歴史	69
ステップ 5	境界線	91
ステップ 6	性的な気もちと人間関係	105
ステップ 7	正しい考えかた	137
ステップ 8	きっかけ	153
ステップ 9	危険ゾーン	161
ステップ 10	選択	173
ステップ 11	気もち	185
ステップ 12	行動のサイクル	205
ステップ 13	被害者と共感	223
ステップ 14	安心して生活するためのわたしの計画	239
ステップ 15	復習してまとめよう	251
ステップ 16	ステップを実行して生きる	265

フットプリントにでてきた ことば　280
フットプリントの実施と支援のために──監訳者あとがきにかえて　283
フラッシュカード　297

この本にかいてあること

　ようこそ「フットプリント」へ。この本には、1 から 16 のステップがあります。このステップは、あなたにとって、とても大切なものになります。これから、どのステップからすすめていくのか、カウンセラーといっしょにきめましょう。

　この本のはじめに「わたしの確認表」がついています。それをみれば、どのステップがおわったのかがすぐにわかります。自分にとっておおきな出来事やゴールをかきこみます。おおきな出来事とは、高校を卒業する、就労くんれんプログラムをおえる、就職する、ほかのとりくみ、などです。勉強がすすみ、ゴールがかわったら、「わたしの確認表」にどんどんあたらしいことをつけくわえて、つくりなおしていきましょう。たのしく勉強していきましょう。

　「フットプリント」は、あなたが「あたらしい私」に正しくすすむのを、手だすけするようにできています。あなたがめざす「あたらしい私」はどんなものですか。それをはっきりさせるのは、いまです。ステップのおわりに、勉強した「あたらしい私」のことがわかる表があります。また、「いままでの私」がそのステップで勉強したことを実行しなかったら、どんなことがおこるかが、わかります。「あたらしい私」は どんなよいことにであうのか、「いままでの私」なら、どんなわ

るいことがおこるのか。それらをしたの表に文をかいたり、絵をかいたり、はりつけたりします。つぎの表をみてみましょう。

「あたらしい私」が であうよいこととは、あなたが「あたらしい私」にむかってすすんだときに、であうよいことです。

「いままでの私」に おこるわるいこととは、あなたが「いままでの私」のような行動をしたときにおこる、わるいことです。

あたらしい私	いままでの私
ここには、あなたがこのステップで勉強した「あたらしい私」のことが、全部かいてあります。	ここには、あなたが「いままでの私」がよい選択をしなかったときにおこることが、全部かいてあります。
「あたらしい私」がであうよいこと ここに、絵、文、写真をかいたり、はったりしましょう。あなたが「あたらしい私」として選択したときに、であうよいことです。	「いままでの私」におこるわるいこと ここに、絵、文、写真をかいたり、はったりしましょう。あなたが「いままでの私」で選択したときに、おこるわるいことです。

「スクラップブック」か「学習ノート」を準備しておきましょう。フットプリントで勉強するとき、それがあればとてもたすかります。「スクラップブック」とは、あなたが勉強したことや、宿題をはさんでおくファイルです。このファイルをみると、大切なことを思いだせるでしょう。

この本にかいてあること

　ステップのおわりには、こんなマークがあります。
　これは、「勉強したことを、スクラップブックにはさんでください」というマークです。あなたのスクラップブックに、ぜひ、いれてほしい宿題もあります。そんな宿題にはこのマークがついています。

　もちろん、このフットプリントとスクラップブックはなくさないように、安全な場所においておかなければいけません。フットプリントを家にもってかえれば、自分がみたいときにみることができますね。フットプリント・ワークブックをカウンセラーのところにおいておけば、どこにいったか心配しなくてもいいですね。家にもってかえったら、つぎの回にわすれないようにしましょう。

　ステップのおわりに、こんなマークがでてきます。これは、「セルフ・トーク（自分のことば）」というマークです。このマークがあるところには、そのステップで勉強したことが、かいてあります。「セルフ・トーク」は、あなたが正しい道をすすんでいくために必要なことばです。声にだしてよむか、だまってよみ、おぼえておきましょう。

　カウンセラーが、この本とはちがう順番でステップを勉強するよう、いうかもしれません。でも、心配はいりません。どのステップも役にたち、あなたが自分のからだをコントロールし、正しい道をずっとすすむことができるようにします。

　このフットプリントには「フラッシュカード」がついています。このカードは、フットプリントで勉強した方法を実行するときに役だちます。このマークのところには、フラッシュカードがあります。いつもの生活で、勉強した方法を実行するのに役だちます。この本の最後についているフラッシュカードをつかう

か、カウンセラーからもらってください。

　このフラッシュカードは、しあわせで健康な「あたらしい私」になるのに役だつことが目標です。カードのなかには、あなたのプライベートなことが、かいてあります。だれにもプライバシーの権利があります。人にわからないようプライベートに、カードをどうやってつかうかを、カウンセラーと話しあっておくほうがいいですね。だれかにフラッシュカードのことをきかれたら、どうするかも話しあっておくほうがいいですね。

ステップ1

自分のことをしろう

　このワークブックをよむと、よいことがあります。自分の体をコントロールできるようになるからです。まわりの人たちとどうつきあえばよいかが、わかるようになるからです。そして、しあわせで健康に生活できるようになります。

　フットプリントで勉強すれば、自分にじしんがもてるでしょう。問題をのりこえる力がつきます。あなたのことを心配している人は、その努力をすばらしいと思うはずです。

　この本のページのしたに、ふたつの四角があります。☐ ☐
　そのページがおわったら、ひとつめの四角に自分のイニシャルをかきます。あなたとカウンセラーがそのページをみなおしたとき、ふたつめの四角にカウンセラーがサインをします。

　たくさんの人たちが、自分の性行動をコントロールするために たすけてもらっています。あなたはひとりぼっちじゃない。もっとよいニュースがあります。フットプリントで自分の性行動をコントロールする方法を勉強すると、しあわせで健康に生活することができます。

STEP1

　この本にかいてあることは、プライベートなことです。「プライベート」とは、あなた自身のことです。ステップ5「境界線」で、もっとくわしく勉強します。あなたが勉強をすすめるまえに、たしかめておくことがあります。どんなことがプライベートなことなのか。プライベートなことを話していいのはだれか。この本をいっしょにとりくむのはだれか。質問やこまることがあれば、カウンセラーにきいてください。

　たぶん、あなたには、あなたのことを心配してくれる人や、いつもいっしょにすごす人がいるでしょう。この人たちは、あなたの「**支援者**」です。支援者とは、カウンセラー、家族、先生、職員、友だちです。フットプリントで勉強したあたらしい方法を実行するときに、支援者が手つだってくれます。みんなといっしょに勉強していきましょう。

　カウンセラーに手つだってもらって、フットプリントをいっしょに勉強する人のなまえをかきなさい。

1. _____
2. _____
3. _____

　フットプリントで勉強していると、こまったり、かなしくなったり、いやな気もちになったりするかもしれません。セックスしたくなるかもしれません。あらかじめ、カウンセラーといっしょに、そんな気もちをうまくおちつかせる方法をたしかめておきなさい。フットプリントでは、あたらしい行動やあたらしいやりかた、自分の気もちをおちつかせる方法を勉強します。

自分のことをしろう

　フットプリントの勉強は大変です。しかし、あなたが健康でしあわせになる方法をおしえてくれます。カウンセラー、家族、支援者といっしょに、毎日すこしずつやってみましょう。フットプリントをおえるには、ながくかかるかもしれませんが、それでもいいのです。あたらしい行動を勉強するには、じかんがかかります。

　このワークブックを完成させると、しあわせで健康になる方法が、みにつきます。自分の行動や努力したことに、じしんがもてます。フットプリントの宿題やステップができたら、ごほうびが用意されているかもしません。あなたとカウンセラーやグループホームの職員、友だち、家族、里親さんなどみんなにです。たのしくやっていきましょう。ひとつずつステップがすすんだら、じまんしていいですよ。

　この本には宿題があります。宿題にはいろんなやりかたがあります。文字をかいたり、絵をかいたり、雑誌のきりぬきや写真をつかったりします。カウンセラーに手つだってもらうこともできます。質問にどんなふうにこたえるか、カウンセラーといっしょに、こたえをさがすこともできます。たのしくつくっていきましょう。

　最初のステップは、「自分のことをしろう」です。では、第1問。

　フットプリントは、あなたの人生のどんなことにでも役だちます。だから、自分のことをすこしでもしっておくことが、とても大切なのです。では、つぎのページからかきなさい。

STEP1

 ### 宿題1 A

あなたのなまえをかきなさい。＿＿＿＿＿＿＿＿＿＿＿＿＿＿＿＿＿＿＿＿

誕生日はいつですか。＿＿＿＿＿＿＿＿＿＿＿＿＿＿＿＿＿＿＿＿＿＿＿

いま、どこにすんでいますか。＿＿＿＿＿＿＿＿＿＿＿＿＿＿＿＿＿＿＿

いっしょにすんでいるのはだれですか。＿＿＿＿＿＿＿＿＿＿＿＿＿＿＿

すきなたべものは、なんですか。＿＿＿＿＿＿＿＿＿＿＿＿＿＿＿＿＿＿

いま、はたらいていますか。　　はい・いいえ

「はい」の人は、どんな仕事をしていますか。＿＿＿＿＿＿＿＿＿＿＿＿

じかんがあるときには、どんなことがしたいですか。

＿＿＿＿＿＿＿＿＿＿＿＿＿＿＿＿＿＿＿＿＿＿＿＿＿＿＿＿＿＿＿＿＿

＿＿＿＿＿＿＿＿＿＿＿＿＿＿＿＿＿＿＿＿＿＿＿＿＿＿＿＿＿＿＿＿＿

家族はいますか。なまえと年齢をかいてください。

＿＿＿＿＿＿＿＿＿＿＿＿＿＿＿＿＿＿＿＿＿＿＿＿＿＿＿＿＿＿＿＿＿

＿＿＿＿＿＿＿＿＿＿＿＿＿＿＿＿＿＿＿＿＿＿＿＿＿＿＿＿＿＿＿＿＿

いま、ペットをかっていますか。　　はい・いいえ

「はい」の人は、どんな動物をかっていますか。なまえは、なんですか。

＿＿＿＿＿＿＿＿＿＿＿＿＿＿＿＿＿＿＿＿＿＿＿＿＿＿＿＿＿＿＿＿＿

自分のことをしろう

 あなたといっしょにすごすじかんが、いちばんながい人はだれですか。
_____

あなたの支援者はだれですか。

_____

_____

　この質問は重要です。あなたの支援者とは、カウンセラーやグループのメンバー、ケースワーカー、職員、あなたといっしょにくらしている、友だちなど、たくさんの人たちのことです。じしんがないとき、みんなにたすけてもらいなさい。支援者は、あなたがうまくやっていけるようにたすけてくれます。支援者は、あなたのプライベートなことをしる必要があるかもしれません。しかし、ほかの人にはいいません。このことは、ステップ5でくわしく勉強します。

あなたが、プライベートなことを話してもいいと思うのは、だれですか。

_____

_____

　これもとても大切なことです。フットプリントで勉強していると、性的な気もちをつよくかんじる人たちがいるからです。そんな気もちがおこったときにどうするか、カウンセラーといっしょにきめておきなさい。

いま、世界でいちばん尊敬している人はだれですか。

_____

その理由はなんですか。_____

親友はだれですか。_____

　うまくできましたね。いっしょにがんばりましたね。ここにかいてくれたことをカウンセラーがよめば、あなたのことをもっとよくしることができます。ではつぎに、ルールがあると、なぜ大じょうぶなのかを話しあいましょう。

宿題1B

 ストップ！　ここはとても大切。

 進め。　ルールがあれば大じょうぶです。
刑務所にはいらずにすみます。

ジローのルールをみてみましょう。ジローを大じょうぶにしておくルールです。

ジローのルール

1．これから、わたしは正直でいます。
2．これから、わたしは境界線を大切にします。
3．これから、わたしはよい選択をします。
4．これから、わたしは支援者のことばをききます。
5．わたしはまわりの人を大切にします。

これは、自分のことばでかいた、わたしのルールです。
もっと勉強したら、ルールをふやします。

スズキ　ジロー　　2012年12月26日

自分のことをしろう

あなたが正しい行動をするには、どんなルールが必要でしょうか。勉強のルール、家でのルール、もしかしたら保護観察のルールかもしれません。ルールがかけたら、そのコピーをとりましょう。つぎのページに、あなたが考えたルールをかきなさい。絵でもいいです。ルールをかいておけば、おさらいしてたしかめることができます。

つぎのページにルールをかいたら、コピーして支援者にわたしましょう。スクラップブックにコピーをいれておきましょう。

わたしのルール

1. _____

2. _____

3. _____

4. _____

5. _____

6. _____

　これは、自分(じぶん)のことばでかいた、わたしのルールです。もっと勉強(べんきょう)したら、ルールをふやします。

(なまえ)

_____

(かいた日(ひ))

_____

自分のことをしろう

 宿題1C

　この宿題では、絵をかきます。絵のなかに、宿題1Aでかいたことを、できるだけたくさんいれてみてください。写真や文字をつかってもかまいません。さらに紙をふやして、もっとかくことができます。さあやってみましょう。

1．わたしのこと	2．わたしの家
3．わたしの友だち	4．わたしの家族

 **宿題1D**

自分への手紙。この宿題をすれば、あなたもカウンセラーも、あなたのことがもっとわかります。いくつかの質問にこたえて、自分へ手紙をかきます。カウンセラーはあなたのこたえをかきとめて、それを手紙にします。あなたが自分への手紙をかいてもいいし、すきな絵をみつけて、つかってもいいのです。

これはシゲルが自分への手紙をかいたときにいったことです。

　　　　シゲルです。自分にとって大切なことを

　　　　思いださないといけないときには、

　　　　ときどき手紙をよむんだ。これがぼくの手紙だ。

つぎのページにシゲルの手紙があります。

自分のことをしろう

シゲルへ

　わたしは35さいで、3人の男性とすんでいる。たのしいよ。もうすぐ誕生日なので、ほんとうにうれしい。仕事へいくのがすきだ。おかあさんにあえるのもうれしい。運動するのもすきだ。サッカーがすきで、つぎのワールドカップがたのしみだ。でも、ときどき子どもに刺激されるのはいやだ。

　性犯罪者とよばれるのはいやだ。ちいさい子どもと話せないのもいやだ。わたしのいちばんの問題は、子どもから刺激されることと、自分の怒りをおさえられないことなんだ。わたしは自分をかえたい。だから、勉強をつづけたい。ルールをずっとまもりたい。支援者といっしょにいたいと思うんだ。仕事もうまくやっていきたい。

　わたしが、問題になるようなことはしなくなったと、ほかの人たちにしってほしい。みんなの手本になりたい。ガールフレンドと、もういちど、なかよくしたい。勉強のプログラムにそって、くらしていくつもりだ。ゴールにむかうため、支援者とやっていくべきだと思うし、ならったことはすべて実行するつもりだ。しあわせで、よい人間関係をつくらないといけないんだ。

2012年11月16日
シゲル

エイジも自分に手紙をかきました。エイジは絵をつかうことにしました。カウンセラーといっしょに宿題を完成させました。

エイジへ

ぼくは29さいです。野球と友だちと家族が

すきです。

いっしょうけんめい、はたらくことと、よい友だちがいることが、じま

んだ。

でも、ぼくの問題のことを考えたらかなしくなる。

ぼくのいちばんおおきな問題は怒ることなんだ。将来はしあわ

せになって、学校を卒業して、仕事につき、ガー

ルフレンドをもちたいんだ。

2012年11月26日

エイジ

自分のことをしろう

　では、あなたの番です。この宿題は、すこしむずかしいかもしれません。手だすけがいるかもしれません。手だすけがいるなら、カウンセラーがおしえてくれます。つぎから3ページに、自分への手紙をかいてください。将来、なにをしたいのか、生活しているときの気もち、自分のことをほかの人にどう思ってほしいか、などもかいてください。文字や絵をかいたり、写真のきりぬきをはるのも、いいかもしれません。

　この手紙は勉強のためだけではなく、あなたの人生の目標を考えるためのものです。いまどうしたいかだけでなく、将来のゴールについて、かいてもかまいません。この手紙には、すべてがこめられているということをおぼえておいてください。すべてとは、自分がやりたいこと、かんじてみたい気もち、ほかの人にどう思ってもらいたいかです。

　質問にこたえたら、支援者もいっしょにみてもらうために、コピーをとってスクラップブックにいれておきます。

STEP1

自分への手紙

ひづけ＿＿＿＿＿＿＿＿＿＿＿＿＿

なまえ＿＿＿＿＿＿＿＿＿＿＿＿＿

1．あなたは、どんな人ですか（なんさいですか、どこにすんでいますか）。
　_____
　_____
　_____

2．いま、自分のことをどう思っているかをかきなさい。自分のすきなよいところを、5つかきなさい。
　_____
　_____
　_____
　_____
　_____
　_____

3．性問題行動があることや、性犯罪者とみられることをどう思いますか。
　_____
　_____
　_____
　_____

自分のことをしろう

4．あなたのいちばんおおきな問題はなんだと思いますか。
　　_____
　　_____
　　_____
　　_____

5．これから、どのような気もちでいたいですか。
　　_____
　　_____
　　_____
　　_____

6．いま、得意なことはなんですか。これから、できるようになりたいことはなんですか。
　　_____
　　_____
　　_____
　　_____

7. 将来、まわりの人からどんなふうにみられたいですか。

_____
_____
_____

8. 将来、どんなことをしたいですか（たとえば、家族、人間関係、仕事）。

_____
_____
_____

9. 目標を達成するのに必要なことは、なんでもかいてください。とくに、まちがったタッチで問題がおきないようにするために、必要なことをかいてください。

_____
_____
_____

なまえ_____

自分のことをしろう

よくがんばりました。ではフットプリントのステップ1で勉強したことをふりかえってみましょう。

宿題1Ｅ

したの表に、「あたらしい私」がであうよいこと、「いままでの私」におこるわるいことを、かきなさい。文字でも絵でもかまいません。

あたらしい私	いままでの私
わたしが正しいほうへすすむのは、こんなときです。わたしは支援者とすすみます。わたしはルールをまもります。わたしはゴールにたどりつきます。わたしは、自分がほしいものがわかっています。手にいれるために正しい方法を勉強しています。	わたしがまちがったほうへすすむのは、こんなときです。「いままでの私」は支援者のいうことを無視しました。「いままでの私」は、ルールを無視しました。「いままでの私」は努力をしていません。
「あたらしい私」があえうよいこと	「いままでの私」におこるわるいこと

ステップ1：自分のことをしろう

テスト

ひづけ＿＿＿＿＿＿＿＿＿＿

1．カウンセラーは、わたしの支援者である。

　　正しい　　　　　　まちがい

2．バスの運転手は、わたしの支援者である。

　　正しい　　　　　　まちがい

3．あなたの支援者は、だれですか。

_____

_____

_____

4．プライベートなことを話してよいのは、だれですか。

_____

_____

自分のことをしろう

5．カウンセラーは、わたしがよい選択ができるよう手だすけしてくれる。

    正しい   まちがい

6．ルールをまもれば、人も自分もきずつけない。

    正しい   まちがい

7．スーパーの店員に、プライベートなことを話してもよい。

    正しい   まちがい

8．人を大切にすることは、よいルールだ。

    正しい   まちがい

9．みんながわたしに正直にしてくれるから、わたしは正直がすきだ。

    正しい   まちがい

10．怒ったり、あせったり、あわてているときは、ルールをまもらなくてもよい。

    正しい   まちがい

11．自分のよいところを３つかきなさい。

_____

_____

_____

12．ステップ１の全部のページにイニシャルをかきましたか。

    はい   いいえ

「わたしは自分のルールがわかっている」

このステップで、自分のスクラップブックにくわえること。
☐ わたしのルールのリスト
☐ わたしへの手紙

フラッシュカードで思いだそう。
「わたしのルールはなにか」
「わたしにとって、大切なことはなにか」

　よくがんばりました。ステップ1はおわりです。これから、健康でしあわせな人生にむかってすすみます。

ステップ2

カウンセリングってなんだろう

　カウンセリングとは、カウンセラーと話しあうことです。カウンセラーは、あなたが自分の体と脳を正しくコントロールできるようになるために、あなたをどうやってたすけていけばよいか、よくしっています。まちがった性行動をやめるために、カウンセリングをうけましょう。

　まちがったタッチとは、相手が「いいよ」といってないのに、その人のプライベートゾーンをさわることです。まちがったタッチとは、だれかがいる場所で自分のプライベートゾーン（水着をきたときにみえなくなるところ）をさわることです。子どもにさわることも、まちがったタッチです。

　まちがったタッチをやめるために、だれもがカウンセリングをうけます。まちがったタッチをやめなければならない理由はたくさんあります。

　まちがったタッチをすると、自分には力があってつよいと思うことがあります。それに気もちがドキドキすることもあります。しかし、まちがったタッチをすると、大きな問題がおこります。まちがったタッチをする人は、自分ではやめたいと思っても、やめられません。だから、カウンセリンをうけるのです。

まちがったタッチをやめる理由をいくつか みてみましょう。

- 指示にしたがわないと、支援者ともめるかもしれないから。
- ほかの人をきずつけるかもしれないから。
- ガミガミいわれるから。
- 刑務所にいきたくないから。
- みんなにからかわれたり、いじめられたりするから。
- まわりの人にきらわれるから。
- 仕事につけなくなるから。
- 家族に迷わくをかけるから。
- 治療グループに迷わくをかけるかもしれないから。
- 警察に逮捕されるから。

　このリストには、あなたがまちがったタッチをやめないとき、どんなわるいことがおこるかがかいてあります。つぎは、まちがったタッチをやめたときに、どんなよいことがおこるかをみてみましょう。

わたしが、まちがったタッチをやめたときにおこるよいこと

1. みんながすきだといってくれる。

2. 人づきあいがうまくいくので、気ぶんがいい。

3. わたしがよいほうにすすんでいるから、カウンセラーがもっと信頼してくれる。

4. 家族が、わたしのことをとてもすばらしいと思ってくれる。

5. 支援者が、わたしのことをとてもすばらしいと思ってくれる。

6. 刑務所にいかなくていい。

7. みんなが、わたしのことを気味のわるい、かわったやつと思わなくなる。

8. わるいことをおこさない。

9. 逮捕されないかと、ビクビクしてこわがらなくていい。

10. 裁判所につれていかれて、裁判官と話さなくていい。

性行動をコントロールする理由はほかにもたくさんあります。性行動をコントロールして、まちがったタッチをやめます。まちがったタッチをやめる、あなただけの理由があるはずです。

宿題2A

性行動をコントロールするあなたの理由はなんですか。

1. _____
   _____
2. _____
   _____
3. _____
   _____

そのほかの問題

　カウンセリングは、あなたの性行動をコントロールすることだけでなく、いろいろなことに役だちます。カウンセリングは、べつの問題にもおなじように役だちます。きずついたり、なやみがあると、いやな気もちになったり、ほしいものが手にはいらなくなります。カウンセリングでとりくむ課題が、したにかいてあります。

・子どもに性的な興奮をかんじてしまうこと。

・友だちがひとりもいないこと。

・いっしょにでかけようと、さそうのは苦手であること。

・いつも問題をおこしていること。

・禁止薬物をつかったり、酒をのみすぎること。

・イライラして機嫌がわるいこと。

・いつもけんかをすること。

- いつも退屈していること。
- だれもさそってくれないこと。
- 清潔にしなければならないこと。

宿題2B

つぎはあなたの番です。あなたがとりくむ問題は、なんですか。まえにかいてあることから2つえらびましょう。さらに3つを自分で考えましょう。

わたしの問題

1. _____
2. _____
3. _____
4. _____
5. _____
6. _____
7. _____

STEP2

　つぎはゴールをきめる課題です。ゴールとは、ほしいものや、やってみたいことです。どんなゴールがあるか、したにあげました。

- けんかをせずに、自分の気もちを相手に話せるようになる。
- 自分に満足している。
- 友だちをつくる。
- 人をきずつけない。
- 怒りをコントロールする。
- 仕事につく。
- 学校を卒業する。
- 二度と性犯罪をしない。
- ひとりぐらしをする。
- 自分のことは自分でする。
- ガールフレンド、またはボーイフレンドをみつける。
- もっと運動する。
- 毎日、シャワーをあびる。
- 部屋をきれいにしておく。
- ぬすみをしない。
- タバコをすわない。
- むだづかいをしない。

カウンセリングってなんだろう

宿題2C

つぎはあなたの番です。あなたがとりくもうとするゴールをかきましょう。まえにかいてあることから2つをえらび、さらに3つを自分で考えましょう。

コピーして、スクラップブックにいれましょう。支援者に、いっしょにみてもらいましょう。

わたしのゴール

1. _____
2. _____
3. _____
4. _____
5. _____

自分のゴールがきまったら、「わたしの確認表」にかきましょう。

ゴールをやりとげたら、あたらしいゴールをつけくわえることや、ゴールをかえることもできます。

ほんとうのことをいうこと

　ほんとうのことをいうこと（正直であること）は、カウンセリングでは だいじなことです。「あたらしい私」なら、正直でいます。「いままでの私」なら、うそつきで、ほんとうのことをいいません。そのために、これまで「いままでの私」は問題をおこし、ほかの人をきずつけてきたのです。
　テツオは、どうやってまちがったタッチをやめたのでしょうか。テツオの話をよみましょう。

　　「ぼくはテツオです。ぼくには問題がありました。近所の子どもにまちがったタッチをしていたからです。子どもにはじめてまちがったタッチをしたのは、17さいのときでした。
　　いま、33さいですが、この3年間、プライベートゾーンにまちがったタッチはしていません。いまは、支援をうけて生活しています。毎週、カウンセラーとあっています。だから、子どもにまちがったタッチはしていません。ぼくは、問題をおこさないで、健康でしあわせにくらす方法を勉強しています。支援者は、ぼくが自分のルールをまもって、たのしくくらせるように、おしえてくれます。
　　そのうえ、よい選択ができるように、週に1回、グループ・ワークに参加しています。グループに参加するのをこわがらなくても大じょうぶです。グループ・ワークでは、みんなでたすけあっています。ぼくは、グループの人やカウンセラーに、ほんとうのことを話しています」

　テツオはカウンセラーと話したり、グループ・ワークに参加して、ほんとうのことを話します。これがポイントです。「ほんとうのことを話す」ことは、「正直だ」ということです。正直なことは、いちばん大切なことです。そうすれば、あなたは、「あたらしい私」でいることができ、健康な生活をおくることができます。

カウンセラーとグループ・ワーク

　カウンセラーは、人の力になる方法をたくさんしっています。カウンセラーは、あなたが自分の体をコントロールする方法をおしえてくれます。そうすれば、「いままでの私」のような行動がやめられます。カウンセラーは相手を大切にします。その人が人生でうまくいくよう力をかしてくれます。

　グループ・ワークは、3人以上の人があつまって、そのメンバーがよい選択ができるよう、たがいにたすけあいます。グループに参加すると、まちがったタッチの問題にとりくんでいるのは、ひとりじゃないことがわかります。グループ・ワークでは、自分の体を正しくコントロールするための勉強ができます。グループに参加すると、刑務所にいかないですみます。自分のプラスになるグループかどうかを、カウンセラーと相談しましょう。

　グループ・ワークで、プライーベートな問題を話すのが、こわいときもあります。でも、たいてい、みんなグループのことが気にいります。なぜなら、グループではたすけてもらえるし、ひとりじゃないとわかると、気もちがらくになるからです。

　つぎにかいてあるルールをまもれば、グループ・ワークはうまくいきます。カウンセラーは、グループのみんながまもらなければならないルールをきめます。ルールがあればグループは安全です。ここちのよい場所になります。つぎのようなルールがあれば、グループは安全な場所です。

グループ・ワークのルール

1. じかんどおりにきて、じかんどおりにかえります。じかんどおりに参加して、あなたがグループ・ワークに関心があることをしめしましょう。

2. グループ・ワークでは、最後までずっといすにすわっていましょう。グループに参加して、すわっているのは大変なことです。でも、あなたがいすからはなれると、グループには関心がないと思われてしまいます。

3. ひとりずつ、順番に話をしましょう。人が話をしているときは、その人のほうをみましょう。

4. みんなのいうことをきいて、ほかのメンバーに注目しましょう。ほかの人が話をしているときは、おしゃべりはやめましょう。

5. ほかのメンバーの話したことに質問をしましょう。質問することで、グループのメンバーに注目していることがわかります。

6. メンバーが、正しい考えをいったときは、その人のことをほめましょう。まちがった考えだったら、正しい考えだと思うことをいってみてください。このあと「フットプリント」で、正しい考えと、まちがった考えについて、勉強します。

このルールをまもれば、グループはとてもすごしやすい場所になります。グループ・ワークは、あなたが問題をおこさないよう たすけます。

カウンセリングってなんだろう

宿題2D

テツオには、もうひとつ、べつの方法がありました。日記やスターチャートをつかって、毎日の出来事をふりかえります。1週間たまったら、それらをカウンセラーやグループの人たちにみてもらいます。

日記は、その日、あなたがいっしょにすごした人のことやどのように かんじたかをかいたものです。**スターチャート**には、つぎのような日に星じるしをつけます。よいことがあった日、あなたがやろうと思っていたことを実行した日、あなたが「あたらしい私」にふさわしい行動をおこなった日。

つぎのページから、日記とスターチャートの例があります。カウンセラーといっしょに、自分にいちばんよいものをえらぶか、つくりましょう。スターチャートには宿題2Cできめたゴールをいくつか かきましょう。

注意点です。つぎのページの2つの日記のしたのほうに、マスターベーションについて、かきこむところがあります。何回マスターベーションしたか、そのときどんな空想をしたかをかきます。

　　M（マスターベーションの回数）＝＿＿＿＿＿＿＿＿＿＿＿＿＿＿

あなたの性的な空想はどんなものですか

　　性的な空想：＿＿＿＿＿＿＿＿＿＿＿＿＿＿＿＿＿＿＿＿＿＿

マスターベーションの回数や、性的な空想をかくことが、なぜ大切なのかがステップ6にかいてあります。できそうなら、カウンセラーと相談して、そこへすすみなさい。もうすこしマスターベーションのことを勉強してもいいし、あとにしてもかまいません。

STEP2

日記(にっき)

なまえ＿＿＿＿＿＿＿＿＿＿＿＿＿＿＿＿

＿＿＿＿年(ねん)＿＿月(がつ)＿＿日(か/にち)＿＿曜日(ようび)

おきたじかん＿＿＿＿＿＿＿＿＿＿＿＿

ねたじかん＿＿＿＿＿＿＿＿＿＿＿＿＿

今日(きょう)、なにをしましたか。だれといっしょでしたか。どんな気(き)もちをかんじたでしょうか。

＿＿＿＿＿＿＿＿＿＿＿＿＿＿＿＿＿＿＿＿＿＿＿＿＿＿＿＿＿＿＿＿＿＿＿＿＿
＿＿＿＿＿＿＿＿＿＿＿＿＿＿＿＿＿＿＿＿＿＿＿＿＿＿＿＿＿＿＿＿＿＿＿＿＿
＿＿＿＿＿＿＿＿＿＿＿＿＿＿＿＿＿＿＿＿＿＿＿＿＿＿＿＿＿＿＿＿＿＿＿＿＿
＿＿＿＿＿＿＿＿＿＿＿＿＿＿＿＿＿＿＿＿＿＿＿＿＿＿＿＿＿＿＿＿＿＿＿＿＿
＿＿＿＿＿＿＿＿＿＿＿＿＿＿＿＿＿＿＿＿＿＿＿＿＿＿＿＿＿＿＿＿＿＿＿＿＿
＿＿＿＿＿＿＿＿＿＿＿＿＿＿＿＿＿＿＿＿＿＿＿＿＿＿＿＿＿＿＿＿＿＿＿＿＿
＿＿＿＿＿＿＿＿＿＿＿＿＿＿＿＿＿＿＿＿＿＿＿＿＿＿＿＿＿＿＿＿＿＿＿＿＿
＿＿＿＿＿＿＿＿＿＿＿＿＿＿＿＿＿＿＿＿＿＿＿＿＿＿＿＿＿＿＿＿＿＿＿＿＿

ひづけ

＿＿＿＿＿日＿＿＿＿＿時(じ)　　M＝＿＿＿＿＿＿＿

性的(せいてき)な空想(くうそう)：＿＿＿＿＿＿＿＿＿＿＿＿＿＿＿＿＿＿＿＿＿＿＿＿＿＿
＿＿＿＿＿＿＿＿＿＿＿＿＿＿＿＿＿＿＿＿＿＿＿＿＿＿＿＿＿＿＿＿＿＿＿＿＿

性的な空想：＿＿＿＿＿＿＿＿＿＿＿＿＿＿＿＿＿＿＿＿＿＿＿＿＿＿＿＿＿＿
＿＿＿＿＿＿＿＿＿＿＿＿＿＿＿＿＿＿＿＿＿＿＿＿＿＿＿＿＿＿＿＿＿＿＿＿＿

カウンセリングってなんだろう

日記

なまえ＿＿＿＿＿＿＿＿＿＿＿＿＿＿

＿＿＿年＿＿月＿＿日＿＿曜日

おきたじかん＿＿＿＿＿＿＿＿＿＿＿＿＿＿＿＿＿＿＿＿＿

ねたじかん＿＿＿＿＿＿＿＿＿＿＿＿＿＿＿＿＿＿＿＿＿＿

今日、なにをしましたか。だれといっしょでしたか。どんな気もちをかんじたでしょうか。

＿＿＿＿＿＿＿＿＿＿＿＿＿＿＿＿＿＿＿＿＿＿＿＿＿＿＿＿＿＿

＿＿＿＿＿＿＿＿＿＿＿＿＿＿＿＿＿＿＿＿＿＿＿＿＿＿＿＿＿＿

＿＿＿＿＿＿＿＿＿＿＿＿＿＿＿＿＿＿＿＿＿＿＿＿＿＿＿＿＿＿

今日はどのくらいイライラしましたか。

　　　　　　　　　　　　　0　1　2　3　4　5

なぜですか。＿＿＿＿＿＿＿＿＿＿＿＿＿＿＿＿＿＿＿＿＿＿

イライラしてなにをしましたか。＿＿＿＿＿＿＿＿＿＿＿＿＿

つぎにはどんな工夫をしますか。

＿＿＿＿＿＿＿＿＿＿＿＿＿＿＿＿＿＿＿＿＿＿＿＿＿＿＿＿＿＿

＿＿＿＿＿＿＿＿＿＿＿＿＿＿＿＿＿＿＿＿＿＿＿＿＿＿＿＿＿＿

ほかにどんな気もちになりましたか。

＿＿＿＿＿＿＿＿＿＿＿＿＿＿＿＿＿＿＿＿＿＿＿＿＿＿＿＿＿＿

＿＿＿＿＿＿＿＿＿＿＿＿＿＿＿＿＿＿＿＿＿＿＿＿＿＿＿＿＿＿

性的な空想：＿＿＿＿＿＿＿＿＿＿＿＿＿＿＿＿＿＿M＝＿＿＿

性的な空想：＿＿＿＿＿＿＿＿＿＿＿＿＿＿＿＿＿＿M＝＿＿＿

STEP2

　つぎのページに、スターチャートがあります。これは、エミコが、毎日、1日に2回（支援者のメンバーの交代にあわせて）、支援者といっしょにつかっています。エミコがスターチャートをかくのは大切なことです。自分の生きかたに責任をもつようになるからです。スターチャートのゴールは、おおくないほうが効果があります（そうすれば、あなたが、たくさんアイデアをだすことができるからです）。自分にとって、とても大切なゴールをえらびましょう。

　日記やスターチャートは、毎日つかいましょう。支援者にとっても大切なものだからです。あなたの進歩をあとおしするために大切です。わすれないように毎日つかいましょう。ごほうびを用意してもいいでしょう。

カウンセリングってなんだろう

☆スターチャート☆

ゴール		午前	午後	午前	午後	午前	午後	午前	午後	午前	午後	午前	午後	午前	午後
ルールをまもる															
規則正しい食生活をする															
ほかの人を大切にする															
身だしなみをととのえる															
からだを清潔にする															
子どもにちかづかない															
適切なテレビ番組をみる															
運動をする															
そうじ・洗たくをする															
昼間は活動をする															
スタッフと自分のサイン															

STEP2

 **宿題2E**

したの表に、「あたらしい私」があでうよいこと、「いままでの私」におこるわるいことを、かきなさい。

あたらしい私	いままでの私
わたしは問題をおこさないようにし、ゴールにむかってがんばります。わたしは進歩しつづけます。わたしは、カウンセリングをうけます。そうすれば、よいことがあるからです。	「いままでの私」はゴールにむかうことはありません。「いままでの私」は自分の行動のコントロールをまなぼうとしません。「いままでの私」には、まわりの人のたすけは、いりません。「いままでの私」はおなじまちがいばかりします。
「あたらしい私」があでうよいこと	「いままでの私」におこるわるいこと

ステップ２：カウンセリングってなんだろう

テスト

ひづけ：＿＿＿＿＿＿＿＿＿＿

1．「あたらしい私」なら、自分のゴールにむかってカウンセリングをうける。

    正しい   まちがい

2．カウンセリングは、おおくの人の役にたつ。

    正しい   まちがい

3．カウンセリングをうけている理由は、なんですか？

＿＿＿＿＿＿＿＿＿＿＿＿＿＿＿＿＿＿＿＿＿＿＿＿＿＿＿＿＿＿＿＿＿＿＿＿＿＿

＿＿＿＿＿＿＿＿＿＿＿＿＿＿＿＿＿＿＿＿＿＿＿＿＿＿＿＿＿＿＿＿＿＿＿＿＿＿

4．「いままでの私」には、ほかの人にまちがったタッチをする問題があった。

    正しい   まちがい

5．カウンセリングで話すと、トラブルをおこす。

    正しい   まちがい

6．わたしは怒りのコントロールに、ときどき問題があった。

    正しい   まちがい

7．わたしには、つぎの問題がある（あてはまるものすべてに○をつけなさい）。

　　A　タッチをすること

　　B　大声をあげること

　　C　けんかをすること

　　D　ものをぬすむこと

　　E　うそをつくこと

　　F　境界線を大切にすること

8．わたしには、つぎのゴールがある（あてはまるものすべてに○をつけなさい）。

　　A　人にやさしくする

　　B　怒りをコントロールする

　　C　やさしく人に話す

　　D　ぬすみをやめる

　　E　ほんとうのことを話す

　　F　境界線を大切にする

9．あなたの進歩を確認するのにつかうのは、どれですか（あてはまるものすべてに○をつけなさい）。

　　　　　　日記　　　　スターチャート

10．今週のあなたのゴールはなんですか？

_____

_____

 「わたしはゴールするまでカウンセリングをうけます」

 このステップで、自分のスクラップブックにくわえること。
- ☐ あなたの問題のリスト
- ☐ あなたのゴールのリスト
- ☐ あなたの日記かスターチャート

 フラッシュカードで思いだそう。
「自分のゴールをわすれない」

おめでとう！　ステップ2を完成しました。

ステップ3

正しいタッチ

　フットプリントで勉強すると、あなたは性行動をコントロールできるようになります。まちがったタッチをやめることができます。まちがったタッチは、**問題のあるタッチ**です。だれにでも、タッチのことで問題がおこる可能性があります。問題のあるタッチというのは、わるいやりかたで相手にタッチすることです。とくに、相手のプライベートゾーンをタッチすることは問題です。**プライベートゾーン**とは、おしり、胸、ペニスやワギナのことです。もし、このことばがわからなかったら、カウンセラーにきいてください。

境界線

　プライベートとは、あなただけのものという意味です。自分だけのプライベートなもののまわりには、境界線があります。部屋のかべやドアは境界線です。服も境界線です。トイレや風呂場のドアがしまっていたら、はいってはいけないという意味です。

体のまわりにある境界線は、目にみえません。自分の体の境界線がどうなっているのかをしるために、体のまえにうでをつきだしてみましょう。それがあなたの空間です。「自分だけの透明なドームがあるんだ」と思ってください。ちかよられたり、そのドームのなかに はいってこられるのをいやがる人もいます。自分のもちものにも みえない境界線があって、ほかの人にはさわってほしくないと思います。このように、プライベートなもの、あなただけのものには、境界線があります。

プライベートや境界線のことをしっておくことは、とても大切です。ステップ5でもっと勉強します。あなたは、カウンセラーといっしょに境界線をしっかり勉強していきます。境界線について、グループで勉強するのは とてもよいことです。グループやカウンセリングは、プライベートなことを話す場所なのです。

性行動

わたしたちは、ときにはほかの人のプライベートゾーンを正しいやりかたでタッチしあいます。このようなタッチを**性的なタッチ**とか**セックス**といいます。わたしたちは、性的なタッチをして子どもをつくります。性的なタッチがなければ、子どもはうまれません。よいやりかたで性的なタッチをしなければ、ほんとうのいい気もちにはなりません。性的なタッチはよいことなのです。

よいセックス。この「よい」ということばと「セックス」ということばは、いっしょにつかわれることがあります。しかし、まず勉強しなくてはいけないことがあります。このステップでは、性的な問題行動やまちがったタッチについて勉強します。

正しいタッチ

　まちがったタッチやまちがった性行動のために、問題がおこったり、刑務所にはいることがあります。子どもを相手にする、人をきずつける、こまらせる、暴力をふるう、こわがらせる、うそをつく、お金をわたす、お金をうけとる、これらはわるい性行動です。

まちがったタッチ

　まちがったタッチとは、子どものプライベートゾーンをタッチしたり、みんなのまえで自分のプライベートゾーンにタッチすることです。ほかにも、服をきていない人をのぞくことや、体のことやプライベートなことをべらべらとおしゃべりしすぎることも、まちがったタッチです。

　この本では、ほかの性的な問題行動もまちがったタッチとよびます。下着をぬすんだり、みんなのまえで自分のプライベートゾーンをみせたり、みんなのまえでマスターベーションをすることも、まちがったタッチです。動物のプライベートゾーンをさわったり、おもしろがって動物をきずつけたりすることも、まちがったタッチです。さまざまな性的な問題行動があり、そのような行動はすべて問題になります。

　性的なタッチには法律に違反するものがあります。まちがった性的タッチをした人は、刑務所にいくことがあります。「フットプリント」は体をコントロールする方法を勉強する本です。そうすれば、だれもきずつけないし、刑務所にいくこともありません。

タッチのルール

あなたが絶対にまちがったタッチをしないために、まもらなければいけないルールです。

1. 許可をもらわずに、絶対にタッチをしてはいけません。
2. 子どもにたいして、絶対に性的タッチをしてはいけません。
3. ドアのしまった部屋やトイレ・風呂場など、プライベートな場所でなければ、自分のプライベートゾーンにタッチしてはいけません。
4. セックスやプライベートゾーンの話を、子どもにしてはいけません。
5. ほかの人をきずつけてはいけません。
6. ガールフレンドやボーイフレンドにタッチをするまえに、許可と同意があったかどうかをたしかめなさい。

許可と同意

許可と同意は、とても大切なことばです。ステップ1から勉強しているあなたの治療のルールは、セックスについてのルールです。性的な関係になるまえに、カウンセラーやグループから許可をもらわなければいけません。**許可**とは、あなたのカウンセラーや支援者が「いいよ」ということです。

同意とは、なにか行動をするとき、あなたのパートナーが賛成していることです。性的なタッチにあなたのパートナーが賛成するために、つぎの4つのルールがあります。

正しいタッチ

1. パートナーは、あなたの年齢とおなじくらいでなければいけません。

2. パートナーは、これからおこることを、きちんとわかっていなければなりません。

3. パートナーは、「いや」といえる権利を、かならずもっています。

4. パートナーが、「いいよ」といわなければいけません。

 宿題3A

正しいタッチとまちがったタッチのちがいはなんでしょう？

正しいタッチとまちがったタッチをかきなさい。文字でも絵でもかまいません。そのしたに、なにがちがっているのかをかきなさい。

正しいタッチ	まちがったタッチ

ちがいは、なんですか？
_____
_____

STEP3

宿題3B

まちがったタッチについて話をするのは大変なことです。ここで、ひとやすみしましょう。あなたが子どもだったときのことを絵でかいてみましょう。かいたものについて、カウンセラーがいっしょに考えてくれます。

タッチの種類

それでは、正しいタッチとまちがったタッチについて、さらに勉強します。つぎは、正しいタッチとはなにか、まちがったタッチとはなにか、このちがいを勉強します。

正しいタッチ

正しいタッチには同意が必要です。正しいタッチには、タッチをするまえにパートナーにきいて、パートナーが「いいよ」ということが必要です。正しいタッチはステキで、いたわるようにタッチするのです。

正しいタッチは、相手の年があなたとおなじくらいのときだけです。正しいタッチをするためには、あなたは自分やパートナーを性感染症からまもる方法を しっておかなければなりません。自分やパートナーが妊娠しないためにどうすればいいのかも、しっておかなければなりません。正しいタッチは法律をやぶっていないので、問題がおこることはありません。

法律をまもっている場合には、タッチしてもよいですし、刑務所にいくことはありません。

法律に違反している場合には、タッチするのはいけません。おおきな問題になります。

どんなタッチがよくて、どんなタッチがよくないか、カウンセラーはルールをおしえてくれます。どんな場合でも、性的なタッチをするまえには、カウンセラーに話すことが大切です。

宿題3C

つぎの文で、ほんとうの同意に必要となるものに○をつけなさい。

パートナーの髪がながい

パートナーがわたしにほほえむ

パートナーと年齢がおなじだ

パートナーがいやがったので、お金をはらってさそう

パートナーが「いいよ」という

わたしはつよいと思わせるために、おどす

パートナーとわたしは、これからなにがはじまるのかをわかっている

パートナーをだまして、わたしにタッチさせる

「いや」というのは、「いいよ」ということだ

パートナーはあおい目をしている

パートナーがわたしにウインクする

パートナーのことを気づかっている

パートナーがちいさいシャツをきている

パートナーの髪の毛は茶色だ

パートナーがわたしをたたいた

正しいタッチ

まちがったタッチ

　許可なく、相手のプライベートゾーンにタッチするのは、まちがったタッチです。あなたの許可がないのに、相手があなたのプライベートゾーンをタッチするのも、**まちがったタッチ**です。相手がよく理解できない年齢だったり、理解できる力がないのに、相手のプライベートゾーンをタッチするのも、まちがったタッチです。

　ひきょうで、ひどいやりかたで相手にタッチすることは、**まちがったタッチ**です。おどしてタッチさせること、だましてタッチさせること、わいろをつかってタッチさせること、むりやりタッチさせること、これらはまちがったタッチです。

> **おどし**とは、相手がきずつくことをいったり、相手をこまらせるためにうそをいうことです。
> **だます**とは、性的なタッチをするつもりなのに、べつのことをするということです。
> **わいろ**とは、性的なタッチをするため、お金やキャンディなど相手がほしいものをあげると約束することです。
> **むりやり**とは、相手に力ずくでなにかをさせることです。

　まちがったタッチは法律に違反しているので、刑務所にいきます。家族のだれかのプライベートゾーンにタッチすることも、まちがったタッチです。それを**近親姦**といいます。家族のだれかが自分のプライベートゾーンにタッチしてよいと同意しても、まちがったタッチです。
　この本では、下着をぬすむこと、自分のプライベートゾーンを人にみせること、セクシャルハラスメントもまちがったタッチだとしています。**セクシャルハラスメント**とは、セックスの話やプライベートなことを話して、相手にいやがらせをすることです。

STEP3

宿題 3D

　ふだんの生活での正しいタッチやまちがったタッチについて、考えてみましょう。正しいタッチかまちがったタッチかを考えて、正しいこたえに○をつけなさい。どうしてそれをえらんだかを、カウンセラーに説明しなさい。

1．おかあさんは、目があったときにだきしめてくれる。

　　　　　　　正しいタッチ　　　まちがったタッチ

2．だれかをみつけたら、はしっていってだきつき、びっくりさせる。

　　　　　　　正しいタッチ　　　まちがったタッチ

3．いもうとのプライベートゾーンとぼくのプライベートゾーンをくっつける。

　　　　　　　正しいタッチ　　　まちがったタッチ

4、カウンセラーにあったら、握手をする。

　　　　　　　正しいタッチ　　　まちがったタッチ

5．わたしがつよくて　たくましいとわかってもらうため、人をなぐる。

　　　　　　　正しいタッチ　　　まちがったタッチ

6．支援者がハイタッチをして、おいわいしてくれる。

　　　　　　　正しいタッチ　　　まちがったタッチ

7．おねえさんが、ぼくのペニス（プライベートゾーン）を自分のワギナ（プライベートゾーン）にいれさせた。

　　　　　　　正しいタッチ　　　まちがったタッチ

正しいタッチ

8. ほかの人がいるところで、ときどき自分のプライベートゾーンをさわる。

　　　　　　正しいタッチ　　　まちがったタッチ

9. ひとりで自分の部屋で、ドアをしめて、ときどき自分のプライベートゾーンをさわる。

　　　　　　正しいタッチ　　　まちがったタッチ

10. ボーイフレンドやガールフレンドにキスするときに、してよいかどうかをきいて、「いいよ」といってくれたら、キスをする。

　　　　　　正しいタッチ　　　まちがったタッチ

11. 相手のことをすきだとつたえるために、その人のまえで自分のプライベートゾーンをこする。

　　　　　　正しいタッチ　　　まちがったタッチ

よくがんばりました。あなたがこの 11 の場面をよく理解していることが、あなたのカウンセラーにつたわりました。

宿題3E

正しいタッチ。つぎは、あなたが自分のことを話す番です。だれでも、正しいタッチもまちがったタッチも、どちらもします。いままでのことを思いだして、正しいタッチだと思うものを5つかきなさい。

1. _____
2. _____
3. _____
4. _____
5. _____

宿題3F

まちがったタッチ。つぎは、いままであなたがしてきたことのなかで、まちがったタッチだと思うものを5つかきなさい。

1. _____
2. _____
3. _____
4. _____
5. _____

正しいタッチ

宿題3G

　自分の体をコントロールして、正しいタッチだけをすることを誓います。誓いとは、とてもつよい約束のことです。

　このページをコピーしてあなたの支援者にわたしましょう。スクラップブックにも、とじておきましょう。

正しいタッチだけをする、わたしの誓い

わたし (なまえ)＿＿＿＿＿＿＿＿＿＿＿＿＿＿＿＿は、これから自分の体を

コントロールして、正しいタッチだけをします。

タッチをするまえには、かならず許可と同意をもらいます。

わたしは自分の体をコントロールできます。

　　　　　　　　　　　　　　なまえ（サイン）＿＿＿＿＿＿＿＿＿＿＿＿

STEP3

 宿題3H

したの表に、「あたらしい私」がであうよいこと、「いままでの私」におこるわるいことを、かきなさい。

あたらしい私	いままでの私
わたしはタッチするまえに、タッチしてよいかどうかを相手にたずねます。 わたしは正しいタッチだけをします。 わたしは同意とはなにかをしっているし、そのききかたもしっています。 わたしはルールをまもって、正しいタッチをします。	「いままでの私」は、タッチのまえに、タッチしてよいかどうかたずねるのをわすれたら、まちがった道にすすみます。 「いままでの私」は、わるいタッチをしたら、問題になります。 「いままでの私」は、相手のことを考えなかったら、まちがった道にすすみます。
「あたらしい私」がであうよいこと	「いままでの私」におこるわるいこと

正しいタッチ

ステップ3：正しいタッチ

テスト

ひづけ：＿＿＿＿＿＿＿＿＿＿

1．あなたがパートナーにタッチしたくなったとき、いままでなら、あなたはなにをしようとしましたか？

＿＿＿＿＿＿＿＿＿＿＿＿＿＿＿＿＿＿＿＿＿＿＿＿＿＿＿＿＿＿＿＿＿＿＿＿

＿＿＿＿＿＿＿＿＿＿＿＿＿＿＿＿＿＿＿＿＿＿＿＿＿＿＿＿＿＿＿＿＿＿＿＿

2．あなたが、かいものにいくとき、ガールフレンドやボーイフレンドと手をつないでもよい。

　　　　　　　正しい　　　　まちがい

3．同意があるときは、その相手と性的なタッチをしてもよい。

　　　　　　　正しい　　　　まちがい

4．わたしのパートナーは、＿＿＿＿さい以上でないといけない（正しいこたえに〇をつけなさい）。

　　　　　　12　　16　　18　　21　　25　　35　　45

5．もしも14さいの女の子から、タッチしようとさそわれたら、その女の子にタッチしてもよい。

　　　　　　　正しい　　　　まちがい

(STEP3)

6．もし、だれかにまちがったタッチをされたら、だまっているのがいちばんよい。

　　　　　　正しい　　　　　　まちがい

7．キミコは兄にこっそりちかづいて、気づかれないように、おしりをけるのがすきです。これは、したのどちらですか。

　　　　　　正しいタッチ　　　まちがったタッチ

8．リキヤは、映画をみているあいだ、手をつないでもよいかを、ガールフレンドにたずねました。ガールフレンドは、リキヤとおなじ年で、ふたりはおたがいのことをすきです。これは、したのどちらですか。

　　　　　　正しいタッチ　　　まちがったタッチ

正しいタッチ

「わたしは自分の体をコントロールし、正しいタッチしかしない」

このステップで、自分のスクラップブックにいれておくもの。
☐　正しいタッチのための誓い

フラッシュカードで思いだそう。
「正しいタッチしかしない」

よくできました。ステップ3がおわりました。
　よくがんばったと、自分をほめましょう。ここはむずかしいステップだったので、あなたのがんばりがなければ、ここまでたどりつけなかったでしょう。

ステップ4

わたしの歴史

　このステップは、くるしいステップかもしれません。ここでは、あなたの歴史やむかしのことについて話をします。**歴史**は、まえにおこってしまったことです。たとえば、あなたがきのうしたこと、先週したこと、去年したこと、これは全部あなたの歴史です。

　自分の歴史をふりかえると、あなたはかなしくなったり、こまってしまうかもしれません。しかし、歴史を話すことは、あなたがしあわせで健康でいるための大切な最初の一歩なのです。「フットプリント」では、性行動をうまくコントロールする方法を勉強します。そのために大切なことは、あなたがどこで性的なタッチをしったのかということです。それをしることが、まちがったタッチをやめるステップになるのです。

(STEP4)

 宿題4A

あなたがおぼえていることのうち、いちばんむかしのことをかきなさい。あなたが、とてもちいさかったころのことを考えなさい。思いだしたことをかきなさい。

___
___
___
___

そのとき、あなたはなんさいでしたか。_____さい

 宿題4B

つぎは、あなたが、性的なタッチのことをはじめてしったときのことを考えなさい。あなたのむかしのことを考えなさい。そして、つぎの質問にこたえなさい。あなたにまちがったタッチをした人がいなければ、「なし」としなさい。

1. 最初、どうやってセックスをしりましたか。

___
___
___

2. どんなことをしりましたか。

___
___
___
___

わたしの歴史

3．はだかの人の写真や、セックスをしている人の写真をみたことがありますか。
_____

4．性的なことをしている人のちかくに、いたことがありますか。
_____

5．はじめて、あなたに性的なタッチをした人は、だれですか。
_____

6．そのとき、あなたはなんさいでしたか。　　　_____さい
　　性的なタッチをした人は、なんさいでしたか。_____さい

7．その人は、なにをしましたか。
_____
_____

8．そのとき、あなたはどこにすんでいましたか。
_____

9．その人が、あなたに性的なタッチをしたとき、あなたはどんな気もちになりましたか。
_____
_____

10．２番目に、あなたに性的なタッチをした人はだれですか。
_____

11. そのとき、あなたはなんさいでしたか。　　_____さい
    性的なタッチをした人はなんさいでしたか。　　_____さい

12. その人は、なにをしましたか。
    _____
    _____
    _____

13. そのとき、あなたはどこにすんでいましたか。
    _____
    _____

14. その人があなたに性的なタッチをしたとき、あなたはどんな気もちになりましたか。
    _____
    _____
    _____

15. あなたのプライベートゾーンにタッチした人や、あなたに むりやり自分のプライベートゾーンをタッチさせようとした人がほかにもいたら、リストにかきなさい。あなたの歴史で、このリストにつけくわえることを、カウンセラーがしっているかもしれません。
    _____
    _____
    _____
    _____

わたしの歴史

性的なタッチにたいする気もち

あなたがまちがったタッチをやめる方法があります。その方法とは、自分がかんじたことや自分の気もちを、心のなかにとじこめておくのではなく、話すことです。だれかにまちがったタッチをされたとき、あなたは、ほかの人にはいえないような気もちになったかもしれません。まちがったタッチをされたときは、いろいろな気もちになるのです。いろいろな気もちがしたにかいてあります。

- こわい
- 頭のなかが、まとまらない
- 怒った
- 性的に興奮した
- さびしい
- うんざりした

- 自分がからっぽになった
- はずかしい
- わるいことをした
- きずついた
- わたしは無力だ

カウンセラーに、自分の気もちを話すには よいチャンスです。ステップ11で、気もちについて くわしく勉強します、いま、気もちがつよくゆさぶられているなら、このステップ4をとばしてステップ11にすすんでもかまいません。

まちがったタッチをされたときのことを、絵にかくほうが自分にとってよいかもしれません。ことばよりも、絵のほうがあっていることがあります。

宿題4C

あなたのいやがるやりかたで、あなたにタッチした人の絵をかきなさい。絵にかいた人がだれであるかわかるように、カウンセラーに手つだってもらいなさい。絵はなんまいかいても、かまいません。絵をきりとってはりつけたり、ホッチキスでとめてもいいです。

ほかの人にタッチすること

　つぎは、あなたがだれかに性的なタッチをしたときのことを話します。これは、つらいことかもしれません。しかし、とても大切なことです。まちがったタッチについて話をすると、びくびくしたり、うろたえたり、とてもつらくなるかもしれません。

　「フットプリント」で勉強しているあいだは、人からわるくちをいわれないか、ほかの人とトラブルになるのではないかと、なやまなくてもよいです。まちがったタッチについて話をするには、つよさと勇気がいるということがわかっています。

　秘密にしていること（プライベートなこと）、**通報しなければならないこと**（カウンセラーが警察に通報しなければならないようなこと）について、カウンセラーに話をすることは、とても大切なことです。

　自分がおかした　まちがいをみとめるのは、つらいことです。問題にならないように、うそをつくことがあるかもしれません。だれかに注目されたいために、つくり話をするかもしれません。「フットプリント」では、ほんとうのことを話して、むかしのまちがいをみとめることが、とても大切なことです。そうすれば、問題をさける方法を　みにつけることができるからです。

　あなたが正直に自分の歴史を全部話せば、このステップはうまくいくでしょう。「フットプリント」では、あなたが自分のむかしのまちがったタッチについて、話をしなければなりません。そうすれば、将来、まちがったタッチをしない計画をつくることができます。

宿題４D

あなたのまちがったタッチについて、正直にいわなければならない理由を5つかきなさい。もし5つ思いつかなければ、カウンセラーに手つだってもらいなさい。

1. _____
2. _____
3. _____
4. _____
5. _____

 宿題４E

つぎに、あなたの問題のあるタッチについて、正直にいいたくない理由を5つかきなさい。

1. _____
2. _____
3. _____
4. _____
5. _____

　正直になれない理由があったとしても、まちがったタッチについてほんとうのことを話さないのは、「いままでの私」の行動です。正直でないのは、「いままでの私」がしていた選択をつづけることと おなじです。カウンセラーは、ほんとうのことを話さなければならない理由を、もっとたくさん おしえてくれるでしょう。つぎのステップにすすむ準備ができたなら、「あたらしい私」となって選択するために、いまこそ正直に話をしなさい。

わたしの歴史

 宿題4F

あなたが、いままでにまちがったタッチをした人のなまえをすべて思いだしなさい。その人のなまえを、まんなかの線のうえにかきなさい。なまえがわからないときは、「とおりすがりの女の人」、「男の子」というふうにかきなさい。

1. _____ _____ _____
2. _____ _____ _____
3. _____ _____ _____
4. _____ _____ _____
5. _____ _____ _____
6. _____ _____ _____
7. _____ _____ _____
8. _____ _____ _____

宿題4G

つぎに、宿題4Fのリストをみて、そこにかいた人にあなたがまちがったタッチをしたとき、自分がなんさいだったかを考えなさい。その人のなまえのみぎがわの線のうえに、そのときの自分の年齢をかきなさい。したに例があります。

1. _____ _____ケイ_____ ___18___

宿題4H

もういちど、宿題4Fのリストをみなさい。あなたがまちがったタッチをしたとき、相手の人はなんさいだったかを思いだしなさい。その人のなまえのひだりがわの線のうえに、そのときのその人の年齢をかきなさい。したに例があります。

1. ___10___ _____ケイ_____ ___18___

この例では、最初の人はケイです。ケイに、まちがったタッチがあったのは 10 さいでした。ケイにまちがったタッチをした人は、そのとき 18 さいでした。

 宿題 4I

宿題 4F でかいた人のなまえをもういちどかきなさい。あなたがその人の体のどこをさわったか、あなたが自分の体のどこをつかってその人にタッチをしたのかを考えなさい。その体の部分をいくつか○でかこみなさい。

1. なまえ_____
   あなたは、その人の体のどこをタッチしましたか。
     ペニス　ワギナ　尻　胸　そのほか：_____
   あなたは、その人に、自分の体のどこをつかってタッチしましたか。
     ペニス　ワギナ　尻　胸　そのほか：_____

2. なまえ_____
   あなたは、その人の体のどこをタッチしましたか。
     ペニス　ワギナ　尻　胸　そのほか：_____
   あなたは、その人に、自分の体のどこをつかってタッチしましたか。
     ペニス　ワギナ　尻　胸　そのほか：_____

3. なまえ_____
   あなたは、その人の体のどこをタッチしましたか。
     ペニス　ワギナ　尻　胸　そのほか：_____
   あなたは、その人に、自分の体のどこをつかってタッチしましたか。
     ペニス　ワギナ　尻　胸　そのほか：_____

わたしの歴史

4. なまえ＿＿＿＿＿＿＿＿＿＿＿＿＿＿＿＿
   あなたは、その人の体（ひと からだ）のどこをタッチしましたか。
   　　ペニス　ワギナ　尻（しり）　胸（むね）　そのほか：＿＿＿＿＿＿＿＿＿＿
   あなたは、その人に、自分（じぶん）の体のどこをつかってタッチしましたか。
   　　ペニス　ワギナ　尻　胸　そのほか：＿＿＿＿＿＿＿＿＿＿

5. なまえ＿＿＿＿＿＿＿＿＿＿＿＿＿＿＿＿
   あなたは、その人の体のどこをタッチしましたか。
   　　　ペニス　ワギナ　尻　胸　そのほか：＿＿＿＿＿＿＿＿＿＿
   あなたは、その人に、自分の体のどこをつかってタッチしましたか。
   　　　ペニス　ワギナ　尻　胸　そのほか：＿＿＿＿＿＿＿＿＿＿

6. なまえ＿＿＿＿＿＿＿＿＿＿＿＿＿＿＿＿
   あなたは、その人の体のどこをタッチしましたか。
   　　　ペニス　ワギナ　尻　胸　そのほか：＿＿＿＿＿＿＿＿＿＿
   あなたは、その人に、自分の体のどこをつかってタッチしましたか。
   　　　ペニス　ワギナ　尻　胸　そのほか：＿＿＿＿＿＿＿＿＿＿

7. なまえ＿＿＿＿＿＿＿＿＿＿＿＿＿＿＿＿
   あなたは、その人の体のどこをタッチしましたか。
   　　　ペニス　ワギナ　尻　胸　そのほか：＿＿＿＿＿＿＿＿＿＿
   あなたは、その人に、自分の体のどこをつかってタッチしましたか。
   　　　ペニス　ワギナ　尻　胸　そのほか：＿＿＿＿＿＿＿＿＿＿

8. なまえ＿＿＿＿＿＿＿＿＿＿＿＿＿＿＿＿
   あなたは、その人の体のどこをタッチしましたか。
   　　　ペニス　ワギナ　尻　胸　そのほか：＿＿＿＿＿＿＿＿＿＿
   あなたは、その人に、自分の体のどこをつかってタッチしましたか。
   　　　ペニス　ワギナ　尻　胸　そのほか：＿＿＿＿＿＿＿＿＿＿

性の歴史

ここまで質問にしっかりこたえてきました。つぎは、カウンセラーに手つだってもらって、きちんと自分の**性の歴史**をふりかえります。おおきな紙をつかって、あなたにおこったことをすべてまとめておきます。

あなたの性の歴史には、したにかかれたことを全部いれましょう。

・あなたが、性的なタッチやセックスをいつどこでしったのか。

・あなたがされた性的なタッチ。

・あなたがした性的なタッチ。

・あなたが、これまでにみたポルノ写真。

・あなたがマスターベーションをはじめた時期。

カウンセラーは、ほかにも質問をするかもしれません。

自分の性の歴史をまとめたら、スクラップブックにいれてください。ときどきそれをみて、勉強したことを思いだしてください。そうすれば、あなたは正しい道をすすむことができます。

まちがった段階をふりかえる

　自分の性の歴史をしる方法が、もうひとつあります。あなたがまちがったタッチをひとつずつ思いだして、「いままでの私」がたどった段階をさがしだすことです。なにかわるいことをして問題がおこったとき、あなたは、たまたま問題がおこっただけで、自分にはどうしようもなかったと思っているかもしれません。自分の体も、自分がすることも、自分がコントロールしています。わすれてはいけません。

　あなたのまちがった性的なタッチは、たまたまおこったものではありません。くわしくいうと、あなたは「いままでの私」の段階をすすみ、「いままでの私」の考えかたをして、まちがったタッチを実行したのです。つぎの宿題では、あなたが実際にすすんだ「いままでの私」の段階を考えます。つぎに、どうすれば「あたらしい私」の選択ができるのかを勉強します。

　あなたがまちがったタッチをしたとき、はじめに４つの段階をすすみました。

1．わるい考えがうかんだ。

2．まちがった考えかたをした。

3．計画をたてた。

4．まわりの人のことを考えなかった。

 宿題４J

　わたしのまちがった４つの段階。宿題４Jでは、４つのまちがった段階について考えます。あなたがまちがったタッチをして問題をおこしたとき、この４つの段階をすすみました（参考として、リサの例をのせます）。

STEP4

わるい考(かんが)えがうかんだ。

あれをしたいなあ……。

リサの例(れい):「おとうとにタッチしたいなぁ」という考えがうかんだ。

わたしの歴史

実行しようときめて、まちがった考えかたをした。

……まちがった考えかた……

リサの例：「つかまることはない。たいしたことじゃないし、おとうとも そうしてほしいはずだ」と、自分にいいきかせた。

STEP4

わたしの計画

どうやって実行しようか……。

リサの例：おとうとにキャンディをあげた。

わたしの歴史

ほかの人の気もちを考えない。

 まわりの人は、どうしてわたしをとめようとしたのだろう。

わたしはどうして人の気もちを考えなかったのだろう。

　リサの例：おとうとは、まだ3さいだった。おとうとは、ないていた。しかし、わたしはただ自分がしたいことだけを考えていた。

_____

_____

_____

_____

_____

STEP4

なにかをすれば、かならず結果があります。

　わたしたちがなにかをすれば、かならず**結果**があります。よい結果とわるい結果があります。まちがったタッチをしたときは、わるい結果がおこります。あなたがまちがった性的なタッチをしたときは、どんな結果がおこりましたか。

結果

どんな結果がおこったか……。

リサの例：おとうとは、きずつき、わたしは刑務所にはいった。

わたしの歴史

「フットプリント」で勉強して、つぎの4つの方法をみにつけましょう。よい考えをもつこと。正しい考えかたをすること。よい計画をたてること。相手のことをきちんと考えること。この4つの方法をみにつけて、問題をおこさないで、安全に生活しましょう。

 宿題4K

したの表に、「あたらしい私」がであうよいこと、「いままでの私」におこるわるいことを、かきなさい。

あたらしい私	いままでの私
わたしは自分の行動に責任をもちます。自分のしたことを適切な人に話すことができます。わたしは自分のまちがいからまなびます。	「いままでの私」は、人のせいにしています。「いままでの私」は、自分の気もちを話しません。「いままでの私」は、むかしのことを正直にふりかえりません。
「あたらしい私」がであうよいこと	「いままでの私」におこるわるいこと

ステップ4：わたしの歴史

テスト

ひづけ：＿＿＿＿＿＿＿＿＿＿

1. 問題となったあなたのまちがったタッチを、話してよいのは、どんなときですか。

   _____

   _____

2. わたしの性の歴史を、バスの運転手に話してもよい。

   　　　　正しい　　　　まちがい

3. わたしの性の歴史を、あたらしい友だちに話してもよい。

   　　　　正しい　　　　まちがい

4. わたしの性の歴史は、パブリックなことです。

   　　　　正しい　　　　まちがい

5. あなたのプライベートなことを、しっているのはだれですか。

   _____

   _____

わたしの歴史

6．自分のむかしのことを話すと、問題をおこさない方法を勉強するのに役だちます。

　　　　　　正しい　　　　まちがい

7．わたしが正直であれば、わたしが本気で問題をおこさないようにしていることが、みんなにわかってもらえます。

　　　　　　正しい　　　　まちがい

8．話したくないことがあるときは、つくり話をしてもよい。

　　　　　　正しい　　　　まちがい

9．これまでに、まちがった選択をしたのは、わたしだけではない。

　　　　　　正しい　　　　まちがい

「これ以上、おなじことをくりかえさないために、自分がしたことを、わたしはカウンセラーやグループのメンバーにすすんで話します」

このステップで、自分のスクラップブックにくわえること。
□　あなたの性の歴史
□　あなたのまちがった４つの段階

フラッシュカードで思いだそう。
「正直であること」

　よくできました。自分のまちがった４つの段階を理解することは大切です。自分も人もきずつけず、生活する力をみにつけ、健康な生活をえらぶことに、役だつでしょう。

ステップ5
境界線(きょうかいせん)

　はじめに、境界線について勉強します。だれもが境界線をもっています。境界線とは、自分とほかの人、自分のものとほかの人のものを わけるものです。境界線があれば、安全でまもられている気もちになります。境界線は、なにがプライベートかをきめるものです。そして、パブリックの範囲をきめます。**プライベート**なものは、あなただけのもの、またはだれかその人だけのものです。**パブリック**なものとは、みんなのものです。

　境界線は、ほかの人の体と自分の体をわけます。自分の部屋とほかの人の部屋、自分のものとほかの人のものを区別します。話してよいこと、やってよいことと、話してはいけないこと、やってはいけないことのあいだにも、境界線があります。プライベートなものもあれば、パブリックなものもあります。

　境界線を大切にすることは、ほかの人を大切にすることとおなじです。ほかの人のものを自分のものにすることではありません。自分のプライベートなものを大切にしておくことです。もし、自分やだれかの境界線がはっきりわからなかったら、行動するまえに境界線をたしかめて、許可をもらいなさい。だれもが境界線をもっています。境界線をまもるためには、それがどんなものかをしることが大切です。

STEP5

 宿題5A

カウンセラーについて。
あなたのカウンセラーの境界線をみつけなさい。

タッチしてもよいものは、なんですか（パブリックなものです）。

___

カウンセラーの事務所で、タッチしてはいけないものは、なんですか（プライベートなものです）。

___

あなたはカウンセラーの事務所で、どんなことをしますか。

___

 宿題5B

家について。
境界線はどこにでもあります。あなたの家での境界線はどれですか。支援者やいっしょにすんでいる人とチェックして、大切な境界線をたしかめなさい。

タッチしてもよいのは、なんですか（パブリックなものです）。

___

タッチしてはいけないものは、なんですか（プライベートなものです）。

___

境界線

あなたの家でプライベートな場所はどこですか。

_____

だれかにきかなくても、家のなかでしてよいことは、なんですか。

_____

 宿題5C

仕事について。
仕事をしているときの境界線はなんですか（ジョブコーチといっしょにチェックして、大切な境界線をたしかめなさい）。

タッチしてよいのは、なんですか（パブリックなものです）。

_____

タッチしてはいけないものは、なんですか（プライベートなものです）。

_____

話しかけてもよいのは、だれですか。

_____

仕事をしているときに、してもよいことはなんですか。

_____

STEP5

 **宿題5D**

支援者について。
あなたの支援者のなかから、ひとりえらんで、その人の境界線をみつけなさい。

なまえ＿＿＿＿＿＿＿＿＿＿＿＿＿＿＿＿＿＿＿＿＿＿＿＿

その人のプライベートなものは、なんですか。それは、タッチしてはいけないものです。

_____
_____
_____

わたしの境界線

つぎは、あなたの境界線について考えましょう。あなたの境界線には、こんなものがあります。

- 自分の空間や人との間かく
- 自分のなまえや住所
- 自分の体
- 自分の部屋
- 自分のもちもの
- ひとりでつかう風呂場やトイレ
- 自分のベッド

これらは、あなたが許可しないと、ほかの人はタッチできません。
境界線は、「わたしがOKというまで、ちかづいてはいけない」ということです。

境界線

　あなたの体は、プライベートなものです。プライベートなこととは、あなただけのものということです。プライベートなことは、プライベートな場所でするべきです。これらがプライベートなことです。

- セックスの話をする
- だれかに性的な気もちをかんじる
- 服をきがえる
- 服のうえからであっても自分のプライベートゾーンをこすったり、タッチする
- はだかのままでいる
- 鼻をほじる
- 風呂にはいる
- 自分のプライベートゾーンをつかってすること全部

　自分の部屋もプライベートな場所です。自分の部屋がプライベートなのは、ドアという境界線があるからです。あなたが許可をしなければ、だれもあなたの部屋にはいれません。あなたも、だれかの部屋にはいるまえには、許可をもらわなければなりません。

　マサキが、自分の境界線について話しています。
　「カウンセラーといっしょに自分の境界線を全部かきこんだよ。自分もまわりの人も安全になるように、このリストをしまっておくよ」

宿題5E

つぎのページにあるシートのコピーをとって、支援者にもわたしなさい（自分でかいてもかまいません）。自分のスクラップブックにもいれておきなさい。

わたしの境界線

これが、わたしのプライベートなことです。わたしだけのものです。

1. _____
2. _____
3. _____
4. _____
5. _____

わたしだけのプライベートな場所です。

1. _____
2. _____

　だれでも、自分だけのプライベートなものをもっています。プライベートなものは、その人だけのものです。わたしのものではありません。だから、わたしはプライベートなものにタッチしたり、プライベートなことを話すまえに、そうしていいかどうかきいて、相手の人が「はい」というまで、まちます。

境界線

　マサキも境界線についてたしかめるために、このシートをつかいました。マサキはこういっています。

　「わたしが境界線のことをわすれたり、わたしの境界線を大切にしない人がいれば、支援者といっしょにこの境界線シートにかきこみます。自分の境界線のことをしっているし、まわりの人の境界線もしっています。そのことを支援者にわかってもらうために、このシートをつかいます」

　あなたとカウンセラーは、このシートをつかいやすいようにかえてもかまいません。

 宿題5F

　カウンセラーが、つぎのページをコピーします。これから1週間、毎日かきこみなさい。

STEP5

ほかの人の境界線

1. 今日、ほかの人の境界線を大切にした場面をかきなさい。

   _____
   _____
   _____

2. 今日、ほかの人の境界線を大切にするために、じょうずにできたことをかきなさい。

   _____
   _____
   _____

3. 今日、ほかの人がどんなふうに境界線をやぶったかをかきなさい。

   _____
   _____
   _____

境界線

 宿題5G

プライベートとパブリックのちがいを、よくしっているかどうかのテストです。正しいほうに○をつけなさい。

1. わたしの部屋は　　　　　　　　　　：　プライベート　パブリック
2. わたしの体は　　　　　　　　　　　：　プライベート　パブリック
3. 食料品売り場は　　　　　　　　　　：　プライベート　パブリック
4. バスは　　　　　　　　　　　　　　：　プライベート　パブリック
5. デートのことをしゃべることは：　プライベート　パブリック

よくできました。カウンセラーは、ほかに、もっと例をだしてくれるでしょう。

あなたがまちがったタッチをして問題をおこしたとき、あなたは相手の境界線を大切にしていません。境界線を大切にしないのは、「いままでの私」の行動です。また、境界線を大切にすることは、これ以上まちがったタッチをしないとわかってもらうためです。境界線を大切にするのは、「あたらしい私」の行動です。

STEP5

宿題5H

したの表に、「あたらしい私」がであうよいこと、「いままでの私」におこるわるいことを、かきなさい。

あたらしい私	いままでの私
わたしは、境界線を大切にしています。 わたしは、自分の境界線のことをしっています。 わたしは、ほかの人の境界線のこともしっています。 わたしは、プライベートのこともしっています。	「いままでの私」は、境界線を大切にすることをわすれています。 「いままでの私」はまわりの人の境界線を大切にしません。 「いままでの私」は、プライベートなことも、そうではないことも、大切にしません。
「あたらしい私」があうよいこと	「いままでの私」におこるわるいこと

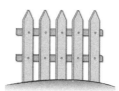

ステップ5：境界線(きょうかいせん)

テスト

ひづけ＿＿＿＿＿＿＿＿＿＿

1. 境界線を大切(たいせつ)にしないと問題(もんだい)になる。

　　　　　正(ただ)しい　　　　　まちがい

2. わたしの部屋(へや)のドアは境界線である。

　　　　　正しい　　　　　まちがい

3. からかって人(ひと)のなまえをよぶのは、わたしが境界線を大切にしているのとおなじである。

　　　　　正しい　　　　　まちがい

4. 今日(きょう)、あなたが大切にした境界線についてかきなさい。

＿＿＿＿＿＿＿＿＿＿＿＿＿＿＿＿＿＿＿＿＿＿＿＿＿＿＿＿＿＿＿＿＿＿＿＿＿＿
＿＿＿＿＿＿＿＿＿＿＿＿＿＿＿＿＿＿＿＿＿＿＿＿＿＿＿＿＿＿＿＿＿＿＿＿＿＿

5. ほかの人が、わたしの境界線を大切にしなくても、わたしはその人たちの境界線を大切にします。

　　　　　正しい　　　　　まちがい

(STEP5)

6．わたしとほかの人との、ちょうどよい間かくは、うで1本ぶんのながさです。

　　　　　　　正しい　　　　　　まちがい

7．まわりの人がわたしの境界線を大切にしないとき、つぎのことをしてもよい（いちばん適切なこたえに○をつけましょう）。

　A　大声をあげる
　B　しらないふりをする
　C　（その人を）たたく
　D　やめるようにいう

8．もし7．のこたえAからDが、うまくいかなかったら、あなたはどうしますか。

＿＿＿＿＿＿＿＿＿＿＿＿＿＿＿＿＿＿＿＿＿＿＿＿＿＿＿＿＿＿＿＿＿＿＿＿
＿＿＿＿＿＿＿＿＿＿＿＿＿＿＿＿＿＿＿＿＿＿＿＿＿＿＿＿＿＿＿＿＿＿＿＿

9．もしあなたが境界線を大切にしていないことがわかったら、まわりの人は、どうするでしょうか。

＿＿＿＿＿＿＿＿＿＿＿＿＿＿＿＿＿＿＿＿＿＿＿＿＿＿＿＿＿＿＿＿＿＿＿＿
＿＿＿＿＿＿＿＿＿＿＿＿＿＿＿＿＿＿＿＿＿＿＿＿＿＿＿＿＿＿＿＿＿＿＿＿

境界線

「わたしは、境界線を大切にします」

このステップで、自分のスクラップブックにくわえること。
☐　あなたの境界線シート

フラッシュカードで思いだそう。
「境界線を大切にする」

すごい！　うまくいっています。

ステップ6
性的な気もちと人間関係

　このステップでは、性的な気もちについて勉強します。性的な気もちの健康で正しい表現と、コントロールの方法を勉強します。性的な気もちとは、どんなものでしょう。どこからくるのでしょう。

　子どもから大人になるとき、あなたの体はいろいろなところが、かわりました。このようにかわる時期を思春期といいます。**思春期**になると、体のようすがいろいろかわります。わきのした、プライベートゾーンに毛がはえます。男性なら、声がひくくなります。女性なら、胸がおおきくなります。そして、あなたは体のなかから、**性的な気もち**をつよくかんじはじめます。

　性的な気もちをかんじるのは、ふつうのことです。だれでも性的な気もちをもっています。人間ならだれにでもおこるのです。性的な気もちとは、セックスのことを考えたとき、あなたの体のなかからでてくる気もちです。**衝動**や**空想**とよばれることもあります。

STEP6

　「フットプリント」で勉強するとき、性的な気もちを心配したり、はずかしがったりしないことが大切です。あなたの性的な気もちについて、カウンセラーと話しあうことも大切なことです。性的な気もちを話せる人が、支援者のなかにいるかもしれません。性的な気もちを話せる人はだれか、話しにくい人はだれか、考えてみましょう。

　性的な気もちは、「フットプリント」の勉強をつづけているあいだも、なくなりません。勉強しているときも、勉強がおわってからも、このステップをよみましょう。このステップから勉強をはじめるのもいいかもしれません。ステップ6には、たくさんのことがかいてあります。あなたにはまだ勉強する準備ができていないところがあるかもしれません。カウンセラーと相談して、勉強に必要なことを、考えましょう。

　あなたは、自分の体をコントロールできます。性的な気もちがおきたとき、どうやって体をコントロールすればよいかをきめるのです。このステップでは、性的な気もちや自分の体をコントロールするよい方法を勉強します。

　だれでも性的な気もちをかんじます。それをわすれないでください。性的な気もちはわるいものではありません。あたりまえのことなのです。性的な気もちをどうやってコントロールするかを勉強しましょう。なぜなら、ほかの人をきずつけないため、問題をおこさないためです。

性的な気もちと人間関係

ステップ6では、4つの方法をみにつけます。

1. 健康でよい性的な空想をする（正しいタッチをするための考えかたをする）。
2. 健康でない よくない性的な空想をへらす（まちがったタッチをする考えかたをへらす）。
3. 健康でよい方法で性的な気もちをつたえる。
4. 健康でよい人間関係をつくる。

この4つは同時におこなう必要がありますが、まずは順番に勉強していきましょう。

宿題6A

性的な気もちになったとき、あなたは、どんなことばをつかうかを、かきなさい。ここにかいたことは、カウンセラーにかならず話しなさい。

1. _____
2. _____
3. _____

宿題6B

あなたが性的な気もちや衝動をかんじたとき、そのことを話せる人のなまえをかきなさい。

1. _____
2. _____
3. _____

1. 健康でよい性的な空想をする（正しいタッチをするための考えかたをする）

マスターベーション

　マスターベーションとは、自分で自分のプライベートゾーンにタッチして、気もちよくかんじることです。マスターベーションは、プライベートな場所でするのがふつうで、健康でよい行動です。マスターベーションは、健康な性のひとつで、大切なことです。それはこまることではありません。

　やらなければならないことをほうっておいて、マスターベーションばかりしていると、問題がおこります。また、自分の体をきずつけてしまうと、それも問題です（ヒリヒリしていたくなったり、血がでることもあります）。プライベートな場所ではないところでマスターベーションをしたり、してはいけない じかんにマスターベーションをするのも、問題になります。マスターベーションするときに、まちがったタッチのことを考えるのもいけません。

　このステップのあとのほうで勉強しますが、性的な行動や性的な気もちについて、カウンセラーやグループのメンバーと話します。これは、「フットプリント」の勉強をすすめていくうえで大切なことです。あなたは、どうすればよいかわからず、こまるかもしれません。しかし、自分の性的な気もちについてカウンセラーに話すことはよいことなのです。カウンセラーは、あなたが理解できるように手だすけする訓練をうけています。ルールをまもってマスターベーションをすることをカウンセラーと話しあいなさい。安全で健康な生活をおくるためには、どのようにマスターベーションすればよいかを、話しあうのです。マスターベーションは、同意することができる人のことを考えているときだけ、してもよいのです。わすれないでください。

　このステップは、よい性的な気もちをかんじ、よい性的な空想をするのに役だちます。**性的な空想**をすると、あなたは性的な気もちをつよくかんじます。男性

性的な気もちと人間関係

はペニスがかたくなります（このことを**勃起**といいます）。性的な空想とは、マスターベーションするときに考えることです。

　健康でよい空想とはなんでしょう。健康でよい空想とは、よいタッチのことを考えることです。よい空想なら、問題をおこさないし、ほかの人をきずつけません。健康でよい空想をするには同意がかならず必要です。ステップ３で同意について勉強しましたね。**同意**とは、こんな意味でした。

・あなたのパートナーは、あなたとおなじ年齢です。

・あなたのパートナーは、「いいよ」といっています。

・あなたのパートナーは、「いや」ということもできます。

・あなたのパートナーは、あなたとおなじくらい知識があります。

・あなたとパートナーは、相手の境界線がなにかをしっています。

・あなたとパートナーは、避妊の方法をしっています。性感染症（セックスでうつる病気）をふせぐ方法もしっています。

・あなたとパートナーのどちらも、お酒をのんだり覚せい剤などの薬物をつかったりして、ハイな気もちになっていません。

あなたも、パートナーも、どちらも同意していますか？
　カウンセラーがたしかめるかもしれません。このステップのあとのほうで、同意についてしっかり勉強します。

健康でよい空想をふやすために、健康でよい空想のスクラップブックをつかうことがあります。カウンセラーに手つだってもらい、自分でつくりましょう。スクラップブックには、こんなものをいれておきましょう。

- あなたとおなじ年ごろの男性や女性の写真で、雑誌からとったもの
- 本になったものや、テープに録音されたロマンチックな話
- あなたが、かいたり録音した健康でよい性的な空想のもの

スクラップブックのルール

1. プライベートな場所におく。
2. スクラップブックが正しくて、安全なものかどうか、カウンセラーといっしょにみなおす。
3. スクラップブックは、プライベートなものだからほかの人にはみせない。
4. ポルノ写真をスクラップブックにいれてはいけない。とくに、ポルノ写真が問題をおこすきっかけである場合、いれてはいけない。ポルノ写真がどんなものかよくわからないとき、カウンセラーと相談する。

宿題6C

自分用の健康でよい性的な空想のスクラップブックをつくりなさい。カウンセラーといっしょにスクラップブックをチェックしなさい。べつのあたらしいルールを思いつくかもしれません。そして、安全でプライベートな場所においておきなさい。

性的な気もちと人間関係

宿題6D

　性的な衝動をコントロールする方法や、まちがったタッチをしようとする気もちをとめる方法があります。したにかいてあるのは、そのアイデアです。

- 子どもから、すぐにはなれる。
- 支援者に話す。
- よい性的な空想をして、プライベートな場所でマスターベーションをする（正しいタッチでマスターベーションをする）。
- 気もちをきりかえるために、なにか たのしいことをする。
- 心のなかでストップという。そして、まちがったタッチをしたら、これからどんなわるいことがおきるかを考える。
- ヘトヘトになるまで、いっしょうけんめい運動する。
- 部屋で、30回ジャンピングジャックをする（ジャンプして足をひらき、手を頭のうえであわせ、つぎにジャンプして足をとじ、手をからだのわきにもどす体操）。
- 刑務所にいくことが、どんなにおそろしいかを考える。
- 身ぢかな人たちが、あなたのことをどんなにがっかり思うかを考える。
- 頭のなかでダメと大声でさけび、なにか ほかのことをする。
- まえむきで、健康でよい性的な空想をする。

　性的な気もちをコントロールし、正しいタッチのことだけを考えるのに役だつアイデアを3つかきなさい。

1. ＿＿＿＿＿＿＿＿＿＿＿＿＿＿＿＿＿＿＿＿＿＿＿＿＿＿＿
2. ＿＿＿＿＿＿＿＿＿＿＿＿＿＿＿＿＿＿＿＿＿＿＿＿＿＿＿
3. ＿＿＿＿＿＿＿＿＿＿＿＿＿＿＿＿＿＿＿＿＿＿＿＿＿＿＿

2. 健康でない よくない性的な空想をへらす
（まちがったタッチをする考えかたをへらす）

　このステップをすすむと、健康でよい性的な空想がふえてきて、健康でない よくない性的な空想がすくなくなります。健康でない よくない性的な空想のことを、ふつうではない空想ともいいます。**健康でない よくない性的な空想**とは、まちがったタッチをしようとするときの考え、気もち、衝動、欲望です。健康でない よくない性的な空想をすると、犯罪、まちがったタッチ、問題がおこります。

　健康でない よくない性的な空想をしているかどうかをしらべるために、プレチスモグラフをつかう方法があります。プレチスモグラフとは、あなたのペニスがかたくなったとき、どんな考えや性的な空想をしていたかをしらべる方法です。これは、**性的興奮**といわれています。プレチスモグラフでは、あなたが、いろいろな性行動のテープや写真をみたりきいたりするあいだ、ペニスにゴムの輪をとりつけておおきさをはかります。

　プレチスモグラフは、だれもがつかうわけではありません。プレチスモグラフをつかう必要があるかどうかは、カウンセラーときめましょう。あなたの性的な空想を検査する方法は、ほかもあります。よいタッチの空想をするときと、まちがったタッチの空想をするときの、性的興奮をしらべて、あなたが進歩しているかどうかをしることができるのです。

　このステップでは、健康でない よくない性的な空想をへらすことができます。まちがったタッチが頭にうかんだときは、それは、健康でない よくない性的な空想です。よくない性的な空想をへらすには、2つの方法があります。

1. 衝動をコントロールする。
2. 自分の性的興奮をコントロールする。

性的な気もちと人間関係

　衝動や欲望とは、まちがったタッチをしようとすると、急にうかんでくる思いつきや考えのことです。その考えや気もちを話すのは、はずかしいと思うかもしれません。しかし、いったん話せば、衝動や欲望をコントロールできます。衝動をコントロールする方法が3つあります。

　1．考えをストップする。

　2．べつの考えにきりかえる。

　3．考えかたや衝動のもとをたどる。

　考えをストップする。まちがった性的な考えや、怒りの考えがうかんだときに考えを「ストップ」します。ストップして、どんなわるいことがおこるかを、想像しなさい。

　宿題6E

「**考えかたストップカード**」をつかう。ヒロユキが、考えをストップしたことについて話しています。

　「ときどき、ぼくは子どもにまちがったタッチをしようと考えてしまう。そう考えたとき、『考えかたストップカード』をつかうんだ。このカードをポケットにいれてもっている。このカードは、ぼくがよくない考えをして、問題をおこすのをとめるのに役だっているよ。このカードをつかえば、自分の体をコントロールできるし、コントロールできなければ、問題をおこすことに気づくんだ」

STEP6

　カウンセラーといっしょに、「考えかたストップカード」の よいつかいかたを考えなさい。ヒロユキの「考えかたストップカード」、おもてと、うらの両方をみせましょう。

わたしは、子どもをじっとみつめる。

わたしは、性的な気もちになっていて、まちがったタッチをしようと考えていることに気づいた。

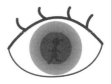

 おおきく3回、深呼吸をしよう。

わたしは、問題をおこしたくない。

わたしは、自分の体をコントロールできるし、どんな気もちになったか、支援者に話すことができる。わたしは、ここからはなれて、よそにいくこともできる。

　ちかくにだれかがいるときでも、フラッシュカードは、自分の考えや気もちをコントロールしなさい、と気づかせてくれます。なにもかいていないフラッシュカードが2まいあるので、ストップサインとして、自分の「考えかたストップカード」をつくりましょう。

性的な気もちと人間関係

宿題6F

　　べつの考えにきりかえる。わるい考えをやめて、よいことを考えるということです。テレビのチャンネルをかえることと、にています。「考えかたストップカード」をつかって、まちがったタッチの考えかたをやめて、正しいタッチ、または、健康でよい性的な空想を考えなさい。

　　考えかたや衝動のもとをたどる。わるい考えかたを、かきだしなさい。わるい考えかたを実行しないためです。毎日かいている日記に、性的な空想をかいていますね。これは、考えかたのもとをたどっているのです。つぎのページは、考えかたのもとや、性的な空想をたどるためにつかうシートです。

　　性的な空想をたどるシートをつくるか、自分用にコピーをとりましょう。できあがれば、スクラップブックにいれましょう。それをカウンセラーといっしょにつかいましょう。

性的な空想をたどる

なまえ_____ ひづけ_____

　自分の性的な空想とマスターベーションの両方、またはどちらかのパターンをたどるために、このシートをつかいましょう。

ひづけ	じかん	性的な空想にでてきた人（なまえ・年齢）	性的な空想のなかでなにをしたか	マスターベーション（した・しない）

性的な気もちと人間関係

　もうひとつ、性的な空想とマスターベーションの両方、またはどちらかのパターンをたどるシートがあります。

性的な空想をたどる

なまえ_____　ひづけ_____

健康でない よくない性的な空想は、どんなものでしたか。
_____

まわりに子どもがいたとき、なにをしましたか。
_____

健康でよい性的な空想は、どんなものでしたか。
_____

マスターベーションの回数

M＝_____

　　　　　　マスターベーションをしたとき、あなたはなにを考えましたか。

性的興奮をかえる（性的興奮のコントロール）

　性的興奮のコントロールとは、健康でない よくない性的な空想をへらして、健康でよい性的な空想をふやすことです。そうすれば、まちがったタッチをへらして、正しいタッチをふやすことができます。そのために、**みえない感覚に気づくシート（ＣＳシート）**をつかいます。「みえない感覚に気づく」というのは、問題がおこるような性的な空想に興奮しないことを、体におしえこむことです。ＣＳシートにかかれていることや、レコーダーに録音されていることをつかって、体におしえましょう。

宿題６Ｇ

　タツオがつかっている「みえない感覚に気づくシート（ＣＳシート）」をみなさい。つぎのページにあります。そのつぎのページに、なにもかいていないシートがあります。これを４まいコピーして、自分の「みえない感覚に気づくシート」をつくりなさい。カウンセラーといっしょにつくりなさい。そして、みえない感覚に気づく練習を何回もやりなさい。

　カウンセラーといっしょにやります。家でもやってください。

　なにもかいていないフラッシュカードが４まいあります。ストップするサインとしてつかえるように、カウンセラーといっしょに完成させましょう。「いままでの私」がした考えをとりのぞくことに、役にたちます。

性的な気もちと人間関係

みえない感覚に気づく

なまえ ＿＿タツオ＿＿＿＿＿＿ ひづけ ＿2012年 5月 13日＿

　1日ひとつずつ、場面を4日分かきなさい。かいたら、おおきな声でよみなさい。そのページをつぎの勉強でつかいます。

 健康でない よくない場面（法律をやぶりそうな場面）
　　　——「いままでの私」の考えかた

　天気がよかった。でも、わたしは家にいた。退屈だった。テレビで性的な映画をみて、むちゅうになった。それから、わたしは自分の部屋にある写真をみた。いもうとの写真をみつけて、いもうとをさわることを考えた。

ストップ！

 おそろしいドキっとする場面（警察につかまったときのような場面）

　ちょうどそのとき、わたしの部屋におばあさんがはいってきた。わたしは、いもうとの写真を手にして、はだかになっていた。おばあさんは、おおきな声でさけびだした。おばあさんは保護観察官にでんわして、わたしは刑務所にはいった。

よい選択 ——「あたらしい私」の行動

　性的な気もちをかんじたら、わたしはそとにでて、体操する。部屋にもどって、わたしは正しいタッチのことを考える。

みえない感覚に気づく

なまえ＿＿＿＿＿＿＿＿＿＿＿＿＿＿＿　ひづけ＿＿＿＿＿＿＿＿＿＿＿＿＿

　1日ひとつずつ、場面を4日分かきなさい。かいたら、おおきな声でよみなさい。そのページをつぎの勉強でつかいます。

☠　**健康でない　よくない場面（法律をやぶりそうな場面）**
　　　――「いままでの私」の考えかた

＿＿＿＿＿＿＿＿＿＿＿＿＿＿＿＿＿＿＿＿＿＿＿＿＿＿＿＿＿＿＿＿＿＿
＿＿＿＿＿＿＿＿＿＿＿＿＿＿＿＿＿＿＿＿＿＿＿＿＿＿＿＿＿＿＿＿＿＿
＿＿＿＿＿＿＿＿＿＿＿＿＿＿＿＿＿＿＿＿＿＿＿＿＿＿＿＿＿＿＿＿＿＿
＿＿＿＿＿＿＿＿＿＿＿＿＿＿＿＿＿＿＿＿＿＿＿＿＿＿＿＿＿＿＿＿＿＿

ストップ！

　おそろしいドキっとする場面（警察につかまったときのような場面）

＿＿＿＿＿＿＿＿＿＿＿＿＿＿＿＿＿＿＿＿＿＿＿＿＿＿＿＿＿＿＿＿＿＿

よい選択　――「あたらしい私」の行動

＿＿＿＿＿＿＿＿＿＿＿＿＿＿＿＿＿＿＿＿＿＿＿＿＿＿＿＿＿＿＿＿＿＿
＿＿＿＿＿＿＿＿＿＿＿＿＿＿＿＿＿＿＿＿＿＿＿＿＿＿＿＿＿＿＿＿＿＿

性的な気もちと人間関係

　健康でない よくない性的な空想をなくすために、みえない感覚に気づく方法と、よくにた方法があります。ことばではなく、絵をつかいます。カウンセラーといっしょに、つかいやすいシートをつくりましょう。まず、健康でない よくない性的な空想のことを考えます。それを、ストップして、その考えをつづけていたらどんなわるいことがおこるかを考えます。

　たのしくやりましょう。想像力をつかいます。健康でない よくない性的な空想をストップしましょう。健康でない よくない性的な空想をストップするためにつかった絵があります。

STEP6

 健康でない よくない場面（法律をやぶりそうな場面）
── 「いままでの私」の考えかた

わたしは、車をおりて店にはいった。ちいさな女の子がドアのそばにたっているのをみつけた。女の子をさわることを考えた。

ストップ！

 どんなわるいことがおこるだろう。

わたしが女の子をみているのを、その子の父親が気づいた。父親がはしってきて、わたしをつかまえた。父親は、わたしの頭を力いっぱいしめつけた。わたしは頭がはじけそうで、いたかった。父親は警察官にでんわした。わたしは刑務所につれもどされた。

 よい選択 ── 「あたらしい私」の行動

これからは、わたしは女の子をみないで、ちがうほうをみます。

性的な気もちと人間関係

健康でない よくない場面（法律をやぶりそうな場面）
――「いままでの私」の考えかた

わたしは、浜辺でおよぐ準備をしていた。浜辺をみわたすと、子どもが何人かいた。わたしは、その子たちとセックスすることを考えはじめた。

ストップ！

どんなわるいことがおこるだろう。

わたしが、子どもたちをみていることに、支援者が気づいた。そのとき、カニがちかよってきて、カニにはさまれた。いたくて さけんだけど、カニははなれなかった。とてもいたかった。浜辺にいた人はみんなわたしをみてわらった。わたしは水にとびこんだ。

よい選択 ――「あたらしい私」の行動

これからは、わたしは子どもたちをみないようにします。もし子どもをみたら、べつの浜辺にいくことにします。

健康でない よくない場面（法律をやぶりそうな場面）
—「いままでの私」の考えかた

わたしは、仕事にいくとちゅうだった。まどのそとをみると、ふたりの子どもがあるいていた。わたしは、子どもたちのはだかを考えはじめた。

ストップ！

 どんなわるいことがおこるだろう。

ちょうどそのとき、車のシートに火がついて、もえだした。わたしは死ぬかと思った。車からでようとして、おやゆびをドアにはさんだ。いたくてさけんだ。

 よい選択 —「あたらしい私」の行動

これからは、わたしは子どもたちをみないようにします。サポーターに話しかけることにします。

性的な気もちと人間関係

 健康でない よくない場面（法律をやぶりそうな場面）
── 「いままでの私」の考えかた

わたしは、かいものにいった。女の子がとおりかかったのをみた。わたしは、その子のはだかのことを考えだして、女の子をじっとみてしまった。

ストップ！

 どんなわるいことがおこるだろう。

わたしが女の子をみているのを、女の子のおとうさんが気づいて、ひどく怒った。その子のおとうさんはわたしにちかづき、なぐりつけた。警察官がやってきて、わたしはつかまった。警察官がわたしをどうするかきめるあいだ、すわってまたされた。母が、わたしをさがしていた。わたしは、いやな気ぶんだった。

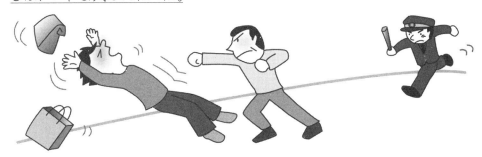

 **よい選択** ── 「あたらしい私」の行動

わたしは、女の子のそばをはなれて、かいもののことを考えるようにします。

STEP6

 健康でない よくない場面（法律をやぶりそうな場面）
── 「いままでの私」の考えかた

　わたしは、浜辺で、海に石をなげてあそんでいた。わたしは、男の子がすなであそんでいるのをみつけた。わたしは男の子を、じっとみた。その子は、ショートパンツをはいている。わたしはその男の子にタッチしようと考えた。わたしは男の子のほうにあるいていった。

ストップ！

 どんなわるいことがおこるだろう。

　男の子のおとうさんがやってきて、大声でわたしにどなりつけた。わたしは、ひどい問題をおこした。だから、刑務所にいれられることになった。おかあさんに、今日は家にかえれないことをいわなければならないことを考えると、胃がいたくなってくる。

 よい選択 ──「あたらしい私」の行動

わたしのサポーターにでんわして、浜辺からはなれることにします。

性的な気もちと人間関係

3．よい方法で、性的な気もちをつたえる

あなたは健康でよい性的な空想をふやして、健康でない よくない性的な空想をへらすように練習してきました。つぎは、性的な気もちをよい方法でつたえるには、どうすればよいかを考えましょう。だれでも性的な気もちをもっています。そんな気もちになったとき、どうしたらよいかを考えることが大切です。まず、健康でよい方法で性的な気もちをつたえることを勉強しなければなりません。ステップ5で勉強したように、境界線を大切にすること、プライベートとはどんなものか、プライベートなことを話してよいのはだれかを、思いだしてください。

宿題6H

あなたが、プライベートなことを話してもよいと思う人はだれですか。

1. ＿＿＿＿＿＿＿＿＿＿＿＿＿＿＿＿＿＿＿＿＿＿＿＿＿＿＿＿＿＿＿
2. ＿＿＿＿＿＿＿＿＿＿＿＿＿＿＿＿＿＿＿＿＿＿＿＿＿＿＿＿＿＿＿
3. ＿＿＿＿＿＿＿＿＿＿＿＿＿＿＿＿＿＿＿＿＿＿＿＿＿＿＿＿＿＿＿

宿題6I

衛生的とは、清潔にしているということです。そのためには、健康であること、性的な気もちや考えかたが健康でよいこと、自分をうまく表現することが大切です。だれかとつきあうまえに、自分の体を清潔にしておく方法をしっておくのは、とても大切です。スターチャートや日記をつかって、清潔にしたかをチェックしている人もいます。**衛生的**ということは、自分の体を清潔にしておくということです。シャワーをあびたり、手をあらったり、歯みがきをしたり、あなたが毎日しなければならないことです。

STEP6

清潔にして、身だしなみをととのえるためのリストです。

- 歯をみがく
- 歯と歯のあいだをそうじする
- 毎日、シャワーをあびる
- せっけんで体をあらう
- デオドラントをつかう
- 清潔な服をきる
- トイレのあとや、マスターベーションをしたあとに手をあらう

- 清潔な下着をきる
- 毎日、くつ下をはきかえる
- ベルトをする
- かみの毛をととのえる
- シャンプーで頭をあらう
- ひげをそる

毎日、清潔にして、健康になるために、なにをしますか。

1.＿＿＿＿＿＿＿＿＿＿＿＿＿＿＿＿＿＿＿＿＿＿＿＿＿＿
2.＿＿＿＿＿＿＿＿＿＿＿＿＿＿＿＿＿＿＿＿＿＿＿＿＿＿
3.＿＿＿＿＿＿＿＿＿＿＿＿＿＿＿＿＿＿＿＿＿＿＿＿＿＿
4.＿＿＿＿＿＿＿＿＿＿＿＿＿＿＿＿＿＿＿＿＿＿＿＿＿＿
5.＿＿＿＿＿＿＿＿＿＿＿＿＿＿＿＿＿＿＿＿＿＿＿＿＿＿
6.＿＿＿＿＿＿＿＿＿＿＿＿＿＿＿＿＿＿＿＿＿＿＿＿＿＿
7.＿＿＿＿＿＿＿＿＿＿＿＿＿＿＿＿＿＿＿＿＿＿＿＿＿＿

性的な気もちと人間関係

　境界線。あなたがすてきで、清潔にできたら、つぎは、あなたが境界線をまもることができるということを、まわりの人にしめさなければなりません。境界線をまもるということは、自分のプライベートについて、よくわかっているということです。また、ほかの人のプライベートについても、しっているということです。ほかの人のプライベート、つまり、自分のものではないということをしっているということです。境界線については、ステップ5で勉強しました。カウンセラーといっしょに、またはグループで、ステップ5で勉強したことを復習してみましょう。

　自分の部屋、風呂やトイレのようなプライベートな場所にいるときに、ドアをしめて、正しいタッチについて考えたり、マスターベーションをするのはＯＫです。だれかとつきあいだしたら、よい方法で自分たちの気もちをつたえあうことができるのは、大切なことです。自分の人間関係のことや、だれかとつきあっているときに性的な気もちになったらどうするかを、カウンセラーと話しあいましょう。相手がこわがったり、こまったりしない方法で、おたがいに気もちをつたえあわなければなりません。もうひとつ、性的な気もちをつたえるのによい方法があります。すきな人にたいして思いやりをもち、そして自分と相手の境界線を大切にできることをわかってもらうことです。そうすれば、あなたがすてきな人だということがわかります。

　ヒロシは、つぎのように性的な気もちをよい方法でつたえました。

　「ぼくは、ガールフレンドのことを考えたんだ。彼女にプレゼントしようと思って、すてきな絵をかいたよ。ぼくは、部屋にひとりでいるとき、彼女とよいタッチをすることを考えるんだ。ときどき、彼女と映画をみているときに、手をにぎっていいかなってきいてみるんだ。でも、手をつなぐよりも、もっとプライベートなことは、そこではしない。プライベートなことは、自分の部屋とか、そんなプライベートな場所にいるときまでとっておくんだ」

4．健康でよい人間関係をつくる

　ここまで、よいタッチをする考えかたをがんばって勉強してきました。健康でない よくないタッチをする考えかたは、へらしました。性的な気もちをつたえるためのよい方法も勉強しました。つぎは、人間関係について勉強します。ここでとても大切なことは同意です。同意は、健康でよい人間関係をつくるのに、なくてはならないことです。カウンセラーやグループのメンバーといっしょに、同意がどのように役にたつかをしっかり勉強しましょう。

　タケオは、同意について勉強したことを、つぎのようにいっています。

　「ぼくが同意のことをしらなかったころ、まちがったタッチをしていたんだ。それで、問題をおこしていた。同意のことを勉強してから、4年間まちがったタッチはしていません。それに、ぼくにはガールフレンドができた。同意というのは、こういうことだ。ぼくとガールフレンドはおなじ年齢で、彼女はぼくとおなじくらい知識がある。ぼくは、彼女にタッチするまえに、タッチしてもいいかどうかをきく。ぼくも彼女も、タッチをしていいかどうかきかれたとき、いやだったらことわる権利があるんだ。いやだといって ことわる権利を大切にしなければならない。これも同意ということなんだ。ぼくもガールフレンドも、避妊の方法や、性感染症をふせぐ方法をしっている。プライベートゾーンをタッチすることは、プライベートなことだ。だから、そういうことはプライベートな場所でしかやってはいけないことなんだ」

性的な気もちと人間関係

あなたは、毎日、いろいろな人とつきあいます。相手によって、つきあいかたはちがうし、境界線もちがいます。大切なことは、つきあう人それぞれの境界線をしっておくことです。

境界線は、とくに、恋愛関係では大切です。友だちやパートナー、ガールフレンド、またはボーイフレンドに、境界線についてきいてみるとよいでしょう。境界線についてきくことは、相手を大切にしているとつたえることだからです。自分の境界線について相手につたえることも大切です。

宿題6Ｊ

ステップ5でつくった自分の境界線のシートを、カウンセラーやグループの人と、もういちど みなさい。むかし、あなたが境界線で問題になったことを、グループの人に話しなさい。過去の問題を整理して、境界線を大切にするよう練習しなさい。カウンセラーやグループの人といっしょに、ロールプレイをするとよいです。

STEP6

宿題6K

あなたが、自分のガールフレンドやボーイフレンドと、境界線についてどのように話しあったかを、カウンセラーやグループの人につたえなさい。つぎの質問をつかって、カウンセラーやグループの人と、ロールプレイをしなさい。

・どんなタッチがOKですか。

・どんなタッチはダメですか。

・あなたが、パートナーの境界線を大切にしなかったら、パートナーはなんというでしょうか。

・あなたの境界線が大切にされていなかったら、あなたはパートナーになんというでしょうか。

　恋愛関係で大切なことが、もうひとつあります。それは、性感染症についてしっておくことです。避妊の方法や性感染症をふせぐ方法をしっておくことです。必要になったら、避妊の方法や性感染症の予防について、勉強しましょう。カウンセラーやサポートグループの人たちといっしょに勉強すればいいでしょう。

性的な気もちと人間関係

 宿題6L

したの表に、「あたらしい私」がであうよいこと、「いままでの私」におこるわるいことを、かきなさい。

あたらしい私	いままでの私
わたしは、健康でよい性的な空想をします。 わたしは、わるい性的な空想をコントロールすることができます。 わたしは、健康でよい人間関係をつくります。 わたしは、性的な気もちや行動をうまくコントロールします。	「いままでの私」の考えかたや、健康でない よくない考えかたをすると、問題をおこします。 「いままでの私」は、まちがったタッチをして問題をおこしました。 「いままでの私」は、まわりの人のことを考えませんでした。
「あたらしい私」がであうよいこと	「いままでの私」におこるわるいこと

133

ステップ６：性的(せいてき)な気(き)もちと人間関係(にんげんかんけい)

テスト

ひづけ：＿＿＿＿＿＿＿＿＿＿

1．もしわるい性的な考(かんが)えかた（よくない性的な空想(くうそう)）がうかんだとしても、わたしはなにかをするまえに、よい性的な考えかたにかえる。それは、わたしが正(ただ)しい道(みち)にすすんだことになる。

　　　　　　　正しい　　　　　まちがい

2．だれでも性的な考えをもつ。

　　　　　　　正しい　　　　　まちがい

3．性的な考えがうかんだら、問題(もんだい)がおこる。

　　　　　　　正しい　　　　　まちがい

4．性的な気もちを話(はな)してよいのは、どんなときですか？

＿＿

＿＿

5．もし、わたしがだれかをすきになって、相手(あいて)もわたしにやさしければ、その人(ひと)と性的なタッチをしてもよい。

　　　　　　　正しい　　　　　まちがい

性的な気もちと人間関係

6．性的な気もちについて、自分のカウンセラーと話しあうことは安全だ。

　　　　　　正しい　　　　　まちがい

7．マスターベーションは絶対によくない。

　　　　　　正しい　　　　　まちがい

8．タッチさえしなければ、しらない人に性的なことをいってもよい。

　　　　　　正しい　　　　　まちがい

9．相手が自分のことを気にしているかどうかをしろうとして、自分のプライベートパートをみせるのはよい方法だ。

　　　　　　正しい　　　　　まちがい

10．わるい性的な考えかたをおいはらうために、そのわるい考えかたをつかってマスターベーションをすることはよいことだ。

　　　　　　正しい　　　　　まちがい

11．性的な気もちがはげしくなったときにするべきことを、3つかきなさい。

_____

_____

_____

STEP6

「わたしは、よい方法で性的な気もちをコントロールすることができる」

このステップで、つぎの3つを自分のスクラップブックにくわえること。
- ☐ よい性的な空想のスクラップブック
- ☐ 「みえない感覚に気づくシート（CSシート）」
- ☐ 「考えかたストップカード」

フラッシュカードで思いだそう。
「よい人間関係をつくろう」

すごいぞ。よくできました。
このステップは、情報がたくさんつまった、ながいステップでした。
このステップで勉強したことをふりかえると、きっとあなたの役にたつでしょう。

> ステップ7

正しい考えかた

　あなたは、自分の体の責任者です。自分の体をどうやってコントロールするかは、あなたがきめるのです。これまで、あなたはまちがった考えかたのために、まちがったタッチをしました。「いままでの私」の行動もそのためです。「いままでの私」がした行動をストップするために、正しい考えかたをしなければいけません。まちがった考えかたは、まちがったタッチをひきおこします。ステップ7では正しい考えかたとまちがった考えかたを勉強します。

　しんじられないかもしれませんが、あなたの脳はあなたの体をうごかしています。支援者が、あなたの体をうごかしているのではありません。また、あなたの両親やあなたの友だちでもありません。あなたが自分の体をコントロールしています。自分の頭で考えて、自分の体をコントロールしているのです。あなたが、よい方法で自分の体をコントロールしたいのなら、正しい考えかたをもたなければいけません。正しい考えかたを勉強すれば、これからは問題をおこさず、もっと安心して生活できるでしょう。

STEP7

　正しい考えかたとはつぎのようなことです。ほんとうのことをいうこと、まちがったことをしたとみとめること、そして、自分だけではなく、みんなのことを考えることです。

　正しい考えかたの例をあげます。

・よい友だちでいようと考えること。

・なにかをするときに、ほかの人にいちばんめをゆずること。

・ひとりじめしないで、わけあうこと。

　８つのことば。正しい考えかたをみにつけるために、グループでつかいます。

[思いやり・気くばり]　人がどうかんじるかを考えること、人をきずつけないこと。

[正直]　ほんとうのことを話すこと。

[率直]　よい方法で自分の気もちを話すこと。

[大切にする]　相手のことを考えること。ルールをまもること。境界線を大切にすること。

[責任]　自分がしなくてはならないことを、最後まできちんとおこなうこと。わるいことをしたと、みとめること。

[努力]　むずかしいことにもベストをつくすこと。

[勇気]　むずかしい問題のときでも、まけないこと。すごくイライラしても、冷静であるには勇気がいる。

[誠実]　むずかしい問題がおこったときも、正しいことをすること。

　この８つのことばは、**価値（大切な考えかた）** ともよばれます。価値は「あたらしい私」の一部分です。

正しい考えかた

 宿題7A

あなたにとって大切な価値（大切な考えかた）はなんですか。3つかきなさい。まえのページのリストからえらんでもよいし、あなたが考えてもよいです。たとえば、親切、いっしょうけんめいはたらく、じかんをまもる、などがあります。

1. _____
2. _____
3. _____

⚡ 価値（大切な考えかた）をわすれないために、8つのフラッシュカードをつかいます。

✏️ **宿題7B**

いつも正しい考えかたをしていれば、問題がおこることはありません。この1、2週間、あなたが正しい考えかたをした例を4つかきなさい。支援者や、カウンセラー、家族と相談してもかまいません。

1．**正しい考えかた**　ほんとうのことを話した。どんなことですか。

_____

2．**正しい考えかた**　ほかの人のことを心配した。どんなことですか。

_____

3．**正しい考えかた**　こうして、だれかをたすけた。

_____

4．**正しい考えかた**　これは、もうしないときめた。

_____

うそをつくことは、まちがった考えかたです。自分のことしか考えないのは、まちがった考えかたです。自分のしたことを、人のせいにすることも、まちがった考えかたです。

まちがった考えかたの例をいくつかあげます。

- これまでタッチをしていなくても、子どもとセックスしようと考えること。
- だれかが、いつも自分のわるくちばかりいうと考えること。
- まちがった行動をしたとき、つかまらないように、うそをつこうとすること。

考えかたエラー

まちがった考えかたには、べつのいいかたがあります。**考えかたエラー**です。

考えかたエラーはいけません。考えかたエラーをすると、わたしたちは、問題をおこします。考えかたエラーをすると、よい選択ができなくなります。このステップで、あなたが自分の体の責任者だということを勉強しました。考えかたエラーをすると、自分の体をコントロールすることができなくなります。考えかたエラーをすると、わるいことをしても自分で責任をとりません。責任をとるというのは、自分のしたこと、自分が選択したことをみとめることです。自分がしたことや選択のために、わるい結果をみとめることです。

問題がおこるのをさけたり、わるい結果をさけようとしたりして、だれでもいちどは考えかたエラーをすることがあります。「フットプリント」で、あなたは考えかたエラーを勉強しています。これからは、考えかたエラーをしないために、がんばると約束してください。

正しい考えかた

　つぎは、考えかたエラーのリストです。たくさんありますが、ほかにも思いつくことがあるかもしれません。あたらしいタイプの考えかたエラーを、みつけるかもしれません。あなたが思いついた考えかたエラーになまえをつけて、リストにあるような絵をかいてみましょう。考えかたエラーに気づいて、それをつかわないためです。また、カウンセラーやグループの人といっしょに、考えかたエラーをロールプレイでやってみましょう。考えかたエラーに気がついたときの、ごほうびをつくっておくのもよいでしょう。

1．人のせいにする

　人に責任がある、だれかに責任をおしつけることです。問題になることや、自分がいやな思いをするのをさけるため、人のせいにします。わざと人を問題にまきこんで、その人のせいにすることもあります。

　例　「わたしの失敗じゃない。トミオのせいで失敗したんだ」

2．ちいさなことだ、たいしたことではない、と考える

　実際にあったことよりも、たいしたことではない、ちいさいことだとすることです。「〜だけ」、「ただ〜だけ」ということばから、考えかたエラーに気づきます。自分がしたことは、たいしたことではないと自分にいいきかせているのです。

　例　「彼女にタッチしたのはたった1回だけだ」でも、ほんとうは6回タッチした。

3．言いわけをする

　たのまれたことをしなかった「理由」や、やってはいけないことをした「理由」しか考えていないことです。「だって」ということばが、言いわけをしているキーワードです。

　例　「だって、映画をみていたから、ねるのがおそくなったんだ。だから、朝ねぼうして、朝の準備をするじかんがなかったんだ」

4．自分、自分、自分

　　　自分のことしか考えないことを、わがままといいます。すぐに自分のものにしたくなって、そのあと、どんなわるいことがおこるかを考えないとき、「ほしがり屋」になります。ルールをまもらないで、手にいれようとすると「ほしがり屋」になります。これになってはいけません。

　例　「ビデオゲームをしたいから、いぬのフンのあとしまつは、さぼってしまおう」

5．かわいそうなわたし、被害者のふりをする

　　人の気をひいたり、ほかの人からかわいそうに思ってもらおうとして、考えかたエラーにたよります。自分が失敗をしたときに、その責任をとらないで、ほかの人からそっとしておいてもらうために、考えかたエラーをしてしまいます。自分でしなければならないことを、ほかの人におしつけるためにもつかいます。

　例　「あいつがわたしのわるくちをいったんだ。だから、あいつをたたいたんだ。かべにもパンチした」

6．否定する

　　ほんとうのことなのに、ちがうといって、ごまかすことです。ほんとうのことをみとめたくないことがあります。ほんの いっしゅんですが、そのほうがらくだからです。

　例　「それは、わたしがやったんじゃない。わたしは、ひとりでテレビをみていた」

7．一般化

　　なんでもかんでも、全部ひっくるめた いいかたで、ほかの正しいことが、はいるすき間がありません。「いつも」や「絶対ない」といったことばがキーワードです。ほかの考えがはいる、すき間のないことばは、一般化とおなじです。

　例　「支援者は、いつも、わたしをこきつかう。絶対やすませてくれない」

正しい考えかた

8. 思いこみ

なにがおこったかをしっているように、ふるまっているけれども、ほんとうはどうなのかをたしかめないことです。ものごとをはっきりさせないで、責任をとらないことです。

例 「あいつが、さわってもらいたそうに、していたんだ」

9. うそをつく

しっていることをかくし、いいたいことしかいわない、ほんとうとちがうことをいうことです。人はあとで、わるいことがおこらないように、うそをつくのです。

例 「わたしは、絶対にだれもさわっていません」 どんなときでも、ほんとうのことをいうだけで、うそをやめることができるのです。

10.「わたしはしらない」と、わからないふりをする

こたえをしらないふりをすることです。気まずい思いや、はずかしい思いをしたくないから、ほんとうのことや、しっていることを話さないのです。たいていは、たずねられた質問のほんとうのこたえをしっています。でも、こたえたら、わるいことがおこるんじゃないかと思って、こわくてこたえないのです。

例 「ジュンイチ、なぜ、先週のミーティングにこなかったの」
「しらなかった。ミーティングなんてあったの」
人にしんじてもらおうと思ったら、「しらない」ということばをつかうのはやめましょう。

考えかたエラーをストップするのに役にたつフラッシュカードが10まいあります。また、ストップサインのはいった、なにもかいていないカードが4まいあります。これをつかって、つぎの宿題で、自分のカードをつくりましょう。

宿題7C

「考えかたエラーカード」をつくりましょう。なにがまちがった考えかたなのか、なにが正しい考えかたなのか、を思いだすことができます。自分で気づくためのカードをつくりましょう。したのカードのように、まちがった考えかたをカードのいちばんうえにかきなさい。まちがった考えかたをあらわすような絵をかくか、絵や写真をさがしてカードにはりなさい。絵のしたには、このまちがった考えかたをしたときに、問題がおきないようにすることをかきます。まず、「正しい考えかた」とかきます。まちがった考えかたはわるい結果になる、と気がつくことをかきなさい。カードは、毎日よみましょう。

考えかたエラー

「わたしは口がうまい」

正しい考えかた：こっそりやろうとしてうそをつくと、わるいことがおこる。

考えかたエラー

「じかんがなかった」

正しい考えかた：言いわけしても、思ったとおりにはならない。

正しい考えかた

考えかたエラー
「わたしはわすれた」

正しい考えかた：しらないふりをしても、問題がなくなるわけではない。

考えかたエラー
「たいしたことではない」

正しい考えかた：出来事を、ほんとうよりちいさくしようとしても、役にはたたない。

考えかたエラー
「みんながしているから」

正しい考えかた：ほかの人のせいにしない。

STEP7

考(かんが)えかたエラー

「いますぐほしい」

正(ただ)しい考えかた:「ほしがり屋(や)」になってはいけない。

カードをつかって、まちがった考えかたにストップをかけましょう。ジュンペイが、どうやってまちがった考えかたにストップをかけたか話(はな)しています。

「ぼくはカードをポケットにいれて、いつも、もちあるいています。まちがった考えかたをしていると気(き)がついたら、カードをポケットからだして、みるようにしています。ぼくがわすれていたら、支援者(しえんしゃ)の人(ひと)たちが、カードをつかいなさいと、おしえてくれます」

あなたのカードをコピーして、スクラップブックにいれなさい。

 宿題(しゅくだい)7D

それでは、テストをしましょう。つぎの発言(はつげん)の内容(ないよう)が正しい考えかたか、まちがった考えかたかをこたえなさい。まちがってもカウンセラーがたすけてくれます。正しいこたえに○をつけなさい。

正しい考えかた

1. リキゾウは、支援者にいいました。「そう、ぼくが部屋をちらかしました」
   正しい考えかた　　まちがった考えかた

2. マリコは、カウンセラーに、いもうとのプライベートゾーンにさわったと話しました。
   正しい考えかた　　まちがった考えかた

3. シゲオは、テレビをこわしました。でも、ダイスケが自分のわるくちをいったせいだといいました。
   正しい考えかた　　まちがった考えかた

4. エリコは、おとうさんにいいました。「わたしが家事をしなかったのはおとうさんのせいよ」
   正しい考えかた　　まちがった考えかた

5. レイジは、ほかの人から いつもいじわるをされていると思っています。だから、レイジはしかえしに、ほかの人のわるくちをいってもいいだろうと考えました。
   正しい考えかた　　まちがった考えかた

6. タツオは、いま、おやつを食べたくなって、大声でどなりました。あとで、タツオはいいました。「でも、なぐらなかったんだから、いいでしょ」
   正しい考えかた　　まちがった考えかた

7. まちがったタッチをする30さいの男性には、友だちがいません。自分は10代の子どもたちにすかれるから、子どもたちとあそんでもいいだろうと考えました。
   正しい考えかた　　まちがった考えかた

　よくできました。カウンセラーから、ほかにも問題をだしてもらってもいいですよ。問題を考えていると、いままでに自分がしてきた**まちがった考えかた**や、そのためにおこったわるいことを思いだすかもしれません。

(STEP7)

 宿題7E

したの表に、「あたらしい私」がであうよいこと、「いままでの私」におこるわるいことを、かきなさい。

あたらしい私	いままでの私
わたしがほんとうのことを話せば、正しい道にすすめます。 正しい考えかたをすれば、ゴールにちかづきます。 正しい考えかたをして、ほかの人のことを考えれば、正しい道をすすむことができます。	考えかたエラーは問題をおこします。 言いわけをしたときには、すでに問題がおこっています。 まちがった考えかたをするとわるいことがおきます。
「あたらしい私」がであうよいこと	「いままでの私」におこるわるいこと

正しい考えかた

ステップ7：正しい考えかた

テスト

ひづけ＿＿＿＿＿＿＿＿＿＿＿

1．ほんとうのことを話す。

   正しい考えかた　　　まちがった考えかた

2．言いわけをする。

   正しい考えかた　　　まちがった考えかた

3．なにかをするまえに、どんな結果になるのかを考える。

   正しい考えかた　　　まちがった考えかた

4．わるくちをいわれていると思いこんで、だれかをきずつける。

   正しい考えかた　　　まちがった考えかた

5．考えかたエラーカードは、考えかたエラーをしたときに役にたつ。

   正しい　　　　　まちがい

STEP7

6．あなたは、考えかたエラーカードをどこにおきますか。

___

___

7．自分のどんな行動にも責任をもつ。

　　　　　正しい考えかた　　　　まちがった考えかた

8．自分が選択したのに、ほかの人のせいにした。

　　　　　正しい考えかた　　　　まちがった考えかた

9．正直でいることは、まちがった考えかただ。

　　　　　正しい　　　　まちがい

10．考えかたエラーを2つ、かきなさい。

___

___

正しい考えかた

「これからは、正しい考えかたをする」

 このステップで、自分のスクラップブックにくわえること。
□ 「考えかたエラーカード」

 フラッシュカードで思いだそう。
「いつも正しい考えかたをする」

よくできました。
　正しい考えかたをすると、よいことがおこります。まちがった考えかたをすると、わるいことがおこります。
　このことを、おぼえておいてください。

ステップ8

きっかけ

　あなたの行動をかえるために、その行動をおこすことになったことを、しらべなければなりません。それをきっかけといいます。きっかけとは、あなたがわるいことや、よくない選択をすることになったものです。きっかけは、コントロールできないような、はげしい気もちをひきおこすかもしれません。はげしい気もちは、問題をおこすことがあります。このあとのステップで、気もちをコントロールすることを勉強します。さあ、あなたのきっかけをみつけて、そのきっかけをさける方法を考えましょう。

　タロウは自分のきっかけについて、こんなふうにいいました。

　「ぼくのきっかけは、ちいさい女の子や男の子をみたとき、どなられたとき、ポルノをみたときです。ぼくは、ちいさい女の子や男の子をみると、むかしのことを思いだして、その子たちとセックスすることを考えてしまいます。どなられたとき、ぼくは気もちがめちゃくちゃになります。むかし、めちゃくちゃな気もちになって、ケンカをしてしまいました。ポルノをみると、まちがったタッチをしそうになります」

ほかにも、きっかけはたくさんあります。いろいろな人のきっかけをリストにしました。

- 子どもがいる場所に、ひとりでいるとき
- 退屈なとき
- ポルノ雑誌や写真をみたとき
- いじめられたとき
- 人にえらそうにされたとき
- 自分の母親にあえないとき

 宿題 8A

あなたのきっかけのリストをつくりなさい。あなたの気もちがめちゃくちゃになり、問題をおこすことにつながるときのことを考えなさい。きっかけのリストにかいてあるものをつかってもいいし、カウンセラーや支援者、両親などにきいてもかまいません。自分のきっかけについて考えなさい。

1.＿＿＿＿＿＿＿＿＿＿＿＿＿＿＿＿＿＿＿＿＿＿＿＿＿＿＿＿＿＿
2.＿＿＿＿＿＿＿＿＿＿＿＿＿＿＿＿＿＿＿＿＿＿＿＿＿＿＿＿＿＿
3.＿＿＿＿＿＿＿＿＿＿＿＿＿＿＿＿＿＿＿＿＿＿＿＿＿＿＿＿＿＿
4.＿＿＿＿＿＿＿＿＿＿＿＿＿＿＿＿＿＿＿＿＿＿＿＿＿＿＿＿＿＿
5.＿＿＿＿＿＿＿＿＿＿＿＿＿＿＿＿＿＿＿＿＿＿＿＿＿＿＿＿＿＿
6.＿＿＿＿＿＿＿＿＿＿＿＿＿＿＿＿＿＿＿＿＿＿＿＿＿＿＿＿＿＿

きっかけ

宿題 8B

　ここまでで、あなたのきっかけがいくつかわかりました。つぎのステップでは、きっかけにであったとき、そのきっかけをさけて、よい選択ができるようにします。

　カウンセラーやグループのメンバー、または支援者といっしょに、あなたのきっかけをひとつずつロールプレイします。ひとつずつロールプレイすれば、きっかけをさけるよい方法や、きっかけをうまくあつかうよい方法を、実際にやってみることができます。あなたのきっかけ全部に、さける方法をためしてみたら、つぎは、カウンセラーと役わりを交代します。そうすれば、ちがう方法をみつけることができます。
　きっかけをさけるには、つぎのように、きっかけリストをつくります。

わたしのきっかけ

　きっかけとは、わたしが問題をおこし、まわりの人をきずつける原因になるものです。人、場所、気もち、考えかたなどがあります。わたしのきっかけは、つぎのとおりです。

<u>ちいさい女の子をみること</u>
<u>ちいさい男の子をみること</u>
<u>どなられること</u>
<u>ポルノをみること</u>

　わたしはきっかけをさけます。きっかけにであったら、きっかけをさけて、よい選択をします。

では、あなたのきっかけリストをつくりなさい。つぎの表をつかいなさい。

きっかけリストをつくったら、コピーして支援者にわたしましょう。あなたのスクラップブックにもいれなさい。

わたしのきっかけ

きっかけとは、わたしが問題をおこしたり、まわりの人をきずつける原因になるものです。人、場所、気もち、考えかたなどがあります。わたしのきっかけは、つぎのとおりです。

_____

_____

_____

_____

わたしはきっかけをさけます。きっかけにであったら、きっかけをさけて、よい選択をします。

あなたのきっかけがなにかがわかったら、つぎのステップでは、そのきっかけをさける計画をつくります。その計画を実行すれば、きっかけにであったときでも、問題をおこさないように、いままでとはちがう、よい選択をしやすくなります。つぎのステップでは、よい選択をすることについて勉強します。

きっかけ

宿題 8C

したの表に、「あたらしい私」があうよいこと、「いままでの私」におこるわるいことを、かきなさい。

あたらしい私	いままでの私
わたしは、自分のきっかけが、なにかわかっています。わたしが、よい方法で自分のきっかけをうまくあつかえば、ほしいものを手にいれることができます。	自分のきっかけをわすれたら、問題がおこります。きっかけのいいなりになると問題がおこります。
「あたらしい私」があうよいこと	「いままでの私」におこるわるいこと

STEP8

ステップ8：きっかけ

テスト

ひづけ：＿＿＿＿＿＿＿＿＿＿＿

1．きっかけは、わたしの体をコントロールし、問題からはなれるのを手だすけしてくれる。

　　　　　　　正しい　　　　まちがい

2．自分のきっかけをしっておけば、そのきっかけからはなれることができる。

　　　　　　　正しい　　　　まちがい

3．きっかけのうち、ひとつでもであったら、わたしは問題をおこすことがおおい。

　　　　　　　正しい　　　　まちがい

4．つぎに、あなたがきっかけにであったら、どうすればよいですか。

＿＿＿＿＿＿＿＿＿＿＿＿＿＿＿＿＿＿＿＿＿＿＿＿＿＿＿＿＿＿＿＿＿＿＿＿

＿＿＿＿＿＿＿＿＿＿＿＿＿＿＿＿＿＿＿＿＿＿＿＿＿＿＿＿＿＿＿＿＿＿＿＿

5．きっかけにであうまえに、わたしは自分の行動をコントロールする練習ができる。

　　　　　　　正しい　　　　まちがい

きっかけ

6. わたしの安全を考える人は、わたしのきっかけがなにかをしっているはずだ。

　　　正しい　　　　　まちがい

7．あなたがきっかけにであったとき、まわりの人はあなたにどんな支援をするでしょうか。

_____

_____

8．あなたのきっかけは、なんですか。あなたのきっかけの絵をかきなさい。ほかから絵をきりぬいて、はりつけてもかまいません。

STEP8

「わたしは自分のきっかけが、なにかをしっています。だから、わたしは、きっかけをよい方法であつかえるし、さけることができます」

このステップで、自分のスクラップブックにくわえること。
☐　あなたのきっかけリスト

フラッシュカードで思いだそう。
「きっかけのいいなりになってはいけない」

うまくすすんでいますね。この調子でがんばりましょう。

ステップ9
危険ゾーン

　このステップは、とても大切なステップのひとつです。**危険ゾーン**とは、考えかた、気もち、場所、行動のことです。トラブルになり、もっとわるければ刑務所にいく原因となります。危険ゾーンとはどんなものか、危険ゾーンから、はなれておく方法や、危険ゾーンにちかづかない方法をたしかめます。危険ゾーンとは、**いちばん危険な場面**のことです。

危険ゾーンの例をいくつかあげます。

- ショッピングセンターのあそび場、放課後のゲームセンター、小学校
- 退屈なとき
- ひとりでいるとき
- ポルノをみたとき
- しらない人と話すとき
- どなりつけられたとき
- いじめられたとかんじたとき
- 子どもと話をするとき

STEP9

わたしの歴史、きっかけ、正しい考えかたなどをもとにして考えれば、なにが自分の危険ゾーンなのかが、すこしずつわかります。つぎのことをわすれてはいけません。危険ゾーンとは、あなたがまちがった性的タッチをし、問題をおこすきっかけになる、考えかた、気もち、場所のことです。

危険ゾーンをみつけるには、ステップ4にもどって、自分の性の歴史について考えるという方法があります。性の歴史フォームの最後の列（そのころの出来事）のなかには、危険ゾーンになりそうなことがあります。もうひとつの方法は、ステップ8にもどって、あなたのきっかけについて考えることです。これも危険ゾーンをみつけるのに役だちます。

 宿題9A

では、あなたの危険ゾーンのリストをつくりなさい。

1. _____
2. _____
3. _____
4. _____
5. _____

リストができたら、カウンセラーからアドバイスをもらいましょう。あなたは、このリストを支援者、グループ、両親といっしょにみて、みんなの考えをききましょう。

危険ゾーン

ストップ！ このつぎの部分は、とてもだいじです。あなたの危険ゾーンのリストは、問題をおこさないために大変役にたちます。サポートスタッフといっしょに、危険ゾーンがどんなものかをたしかめましょう。そうすれば、危険ゾーンかどうかを みわけられるようになります。

すすめ。リストができたら、あなたのまわりにある危険ゾーンをみわけましょう。このリストは、問題をおこさないように、あなたをガイドする宝の地図みたいなものです。

宿題9B

1. あなたがすんでいるところ、はたらいているところ、よくいくところの絵をかきなさい。

2. わかりやすい絵かことばで、危険ゾーンにしるしをつけなさい。

3. 絵のなかで、プライベートなものやプライベートな場所に、しるしをつけなさい。

4. 危険ゾーンの絵をかきなさい。危険ゾーンにちかづかない方法もかきなさい。

5. あなたの絵を、サポートチームといっしょにみましょう。みんなは、あなたが健康でしあわせであるように手つだってくれます。

宿題9C

この宿題は、危険ゾーンをさけたり、危険ゾーンから脱出する計画をつくるのに役だちます。

つぎのページをコピーして支援者にわたしなさい。自分のフットプリント・スクラップブックにとじるか、大切な場所にしまっておきなさい。

脱出計画は、危険ゾーンからあなたをすくいだします。ひとつ、例をあげます。

危険ゾーン：ショッピングセンターにはゲームセンターがあります。わたしはそのちかくで、バスにのります。ときどき、ゲームセンターであそびたくなります。でも、子どもがそこにいれば、ショッピングセンターのゲームセンターは危険ゾーンです。

脱出計画：仕事へいくために、べつのバスをおしえてくれるよう、わたしは支援者にたのみました。ゲームかウォークマンを、ポケットにいれておきます。そうすれば、ショッピングセンターにはいらずに、ゲームであそんだり、おんがくをきいたりできます。

まず、宿題9Aから、あなたの危険ゾーンのリストをかきうつしなさい。そして、危険ゾーンをさけたるための脱出計画をつくってみましょう。

危険ゾーン

 危険ゾーン１
_____

 脱出計画１
_____
_____

 危険ゾーン２
_____

 脱出計画２
_____
_____

 危険ゾーン３
_____

 脱出計画３
_____
_____

 危険ゾーン4

_____

 脱出計画4

_____

_____

 危険ゾーン5

_____

 脱出計画5

_____

_____

 宿題9D

　なにが危険ゾーンなのかがわかり、脱出計画ができたので、それを実行しなくてはなりません。カウンセラー、グループのメンバー、支援者、ジョブコーチらとロールプレイをしましょう(ロールプレイとは、なん人かで役わりをきめ、その役わりをまねて、練習することです)。あなたが、危険ゾーンをさけ、危険ゾーンから脱出するのを、みんなが手つだってくれることをわすれてはいけません。

　カウンセラーやグループのメンバーに顔をあわせるたびに、どうやって危険ゾーンをさけるか、どうやって脱出したかを、話しなさい。もっと練習したり、ちがった出来事があって、脱出計画をかえたなら、危険ゾーンのリストをふやす必要があるかもしれません。
　どうやって危険ゾーンからにげたかをわすれないように、この1週間、毎日、このシートをつかいなさい。

危険ゾーン

今日、わたしはどうやって安全にすごしたか

なまえ：_____　　ひづけ_____

今日、どんな危険ゾーンをさけ、脱出しましたか。

_____
_____
_____
_____

どうやってさけたり、脱出しましたか。

_____
_____
_____
_____
_____
_____

宿題　9E

したの表に、「あたらしい私」がであうよいこと、「いままでの私」におこるわるいことを、かきなさい。

あたらしい私	いままでの私
わたしは、自分の危険ゾーンがわかりました。問題を、どうやってさけたらいいのか、わかりました。わたしは、問題から脱出する方法をしっています。	わたしが危険ゾーンに気づかなかったら問題がおこります。わたしは危険ゾーンにいたら、まちがったほうへすすみます。わたしは脱出しなければ、まちがったほうへすすみます。
「あたらしい私」があうよいこと	「いままでの私」におこるわるいこと

ステップ9：危険ゾーン

テスト

ひづけ：＿＿＿＿＿＿＿＿＿＿＿

1．アキラが、子どもにまちがったタッチをして問題をおこしたら、子どもの世話は、アキラの危険ゾーンである。

        正しい　　　　　まちがい

2．アケミに、ぬすみの問題があれば、お金をもたないで店にいくのは、アケミの危険ゾーンである。

        正しい　　　　　まちがい

3．トミオが、まちがったタッチをしたときに、たくさんのはだかの写真をみていたのなら、はだかの写真は、トミオの危険ゾーンである。

        正しい　　　　　まちがい

4．危険ゾーンは、はずかしくていやなことなので、自分の危険ゾーンのことをだれにもいわないほうがよい。

        正しい　　　　　まちがい

5．バスのり場であった人に、はじめて話しかけるときに、自分の危険ゾーンについて話してよい。

        正しい　　　　　まちがい

STEP9

6．カウンセリングに、しっかりとりくめば、危険ゾーンに気づかなくてもよい。
　　　　　正しい　　　　　まちがい

7．あなたの危険ゾーンをわかっているのは、だれだと思いますか。
_____

8．あなたが危険ゾーンをさけようとするときに、話してもいいのはだれでしょうか（あてはまるものすべてに、○をつけなさい）。

　　A　わたしの支援者
　　B　わたしの職場のうえの人
　　C　わたしのおかあさん
　　D　店の客
　　E　わたしのガールフレンド

9．あなたの危険ゾーンをしっているのは、なん人ですか。
　　　　　　1　2　3　4　5　6　それ以上

10．あなたは危険ゾーンのリストを、どこにおいていますか。
_____

危険ゾーン

「わたしは危険ゾーンをさけます」

 このステップで、自分のスクラップブックにくわえること。
☐ 危険ゾーンのリストと脱出計画

 フラッシュカードで思いだそう。
「危険ゾーンにちかづかない」

　よくできました。ここは、とても大切なステップです。支援者といっしょにみて、たしかめてください。

ステップ10

選択

　ステップ7で、あなたの体をコントロールしているのは脳であることを勉強しました。自分の体をうまくコントロールするためには、きっかけ・危険ゾーン・まちがったタッチ・まちがった考えかたから、はなれなければなりません。ステップ10では、よい選択をするために、自分の脳をつかうことを勉強します。正しい考えかたをすれば、問題がおこらないほうへ、すすむことができるはずです。

　これまで勉強してきたように、どんなことも「たまたまおこる」のではありません。いつも、あなたは自分でえらんだことを実行しています。自分の体は、自分でコントロールしているのです。だから、どんな出来事も、あなたの選択できまっています。ステップ10では、あなたが行動するまえに、自分の選択や自分の考えに気づく方法を勉強します。

　きっかけがあると、すぐに行動するときがあります。考えるより さきに行動してしまいます。なにが自分のきっかけなのかがわかっていれば、そのきっかけにであったとき、なにをするべきか、まえもって考えておくことができます。よい選択をする練習や、ロールプレイで考えたことを実行する練習をするとよいでしょう。

きっかけにであったとき、まず行動をストップして、自分が選択したことや、べつのやりかたを考えます。行動をストップして、自分の選択した行動について考えると、いちばんよい行動を選択できるようになります。よい選択をする練習をすれば、かんたんにできるようになるし、すこし考えればできるようになります。

テツヤがよい選択をした例です。

「ぼくは、きっかけにであったとき、おちついて考えるために、役にたつことをリストにしてもっています。おちついているときに、支援者といっしょに、いろいろな選択をさきにかいておきます。ときどき、選択をかきわすれてしまうけれど、わるい選択をしてしまったら、かならず選択をかきます。そうすれば、つぎのとき、わすれません」

どの選択にも、かならず結果があります。いちばんよい選択ができるように、きちんと自分の選択した結果をみなおしてください。選択には、よい結果もあればわるい結果もあるはずです。

宿題 10 A

ステップ8をみながら、あなたのきっかけリストをつくりなさい。それぞれのきっかけに、どんな行動ができそうか、やろうとすればどんなことができるか、あなたの選択をできるだけたくさんかきなさい。

選択

 わたしのきっかけ 1

___

 わたしの選択(せんたく) 1

___

 わたしのきっかけ 2

___

 わたしの選択 2

___

 わたしのきっかけ 3

___

 わたしの選択 3

___

 わたしのきっかけ 4

___

 わたしの選択 4

___

まえのページを復習して、よい選択とわるい選択のどこがちがうのかを説明しなさい。カウンセラーや支援者といっしょに考えて、説明してみましょう。なにがよい選択なのかをしっていれば、いつもよい選択ができます。べつのあたらしいきっかけや選択に気がついたら、それをリストにかきたしましょう。

 宿題10 B

宿題10 Aでかいたきっかけをつかって、ロールプレイをしましょう。カウンセラー、グループのメンバー、支援者といっしょにやりましょう。ロールプレイごとに、べつの選択をしてください。できるだけいろいろな選択をためしてみましょう。カウンセラーと役わりを交代して、ちがう選択も考えてみましょう。

テツヤはいろんな選択をかきました。できるだけたくさん選択をかき、考えましょう。自分で選択できたということは、正しく考えることができたということです。いちばんよい選択をするためには、たくさん練習が必要です。

ソーダ　S.O.D.A.

きっかけにであったときや、危険ゾーンにいるとき、どうしたらいいかをおぼえておく方法があります。あいことばは、「ソーダ　S.O.D.A.」です。

Sは**ストップ**（STOP）のS。
ストップ！　ストップして、きっかけを考えなさい。
Oは**オプション**（Option）のO。
オプションは、べつの方法。もうひとつべつの方法のこと。
Dは**ディサイディング**（Deciding）のD。
ディサイディングは、きめる。なにがいちばんよい選択か、なぜそうしたいのかを考えてきめること。
Aは**アクト**（Act）のA。
アクトは、行動。なにをするか、なにをしたのか、そのあと、なにがあったか。

宿題 10 C

きっかけにであうたびに、つぎのページのシートをつかいなさい。シートをつかわなくても、よい選択ができるようになるまで練習しましょう。

宿題をサポートチームの人といっしょにみなさい。スクラップブックにコピーをいれておきましょう。

STEP10

S.O.D.A.
(ソーダ)

なまえ：＿＿＿＿＿＿＿＿＿＿＿＿＿　ひづけ：＿＿＿＿＿＿＿＿＿＿＿＿

Sはストップ。きっかけにであったら、ストップ。きっかけと、その場面をかきなさい。

_____

_____

Oはもうひとつべつの方法。あなたが考えたべつの方法や選択はなんですか。

_____

_____

Dはきめる。なにをするかきめなさい。その理由を説明しなさい。

_____

_____

Aは行動。きめたことを実行しなさい。結果はどうでしたか。

_____

_____

選択

　あなたがよい選択をすれば、よいことがあります。よい選択をすれば、問題はおこりません。練習をすれば、もっとかんたんにできるようになるでしょう。まちがえたときは、よい選択をする練習のチャンスです。

　正しい選択をして、正しい考えかたをしても、ほしいものが手にはいらないときがあるかもしれません。そんなはずはないという人もいるかもしれませんが、そういうこともあるのです。しかし、ほしいものが手にはいらないのは、あなたがわるいからではありません。なぜかというと、ほかの人の選択を大切にしたからです。あなたは、がっかりしたり、かなしくなったりするかもしれませんが、ほかの人の選択を大切にして、冷静でいることは、「あたらしい私」の行動です。じしんをもって、じまんできる行動です。

宿題 10 D

したの表に、「あたらしい私」がであうよいこと、「いままでの私」におこるわるいことを、かきなさい。

あたらしい私	いままでの私
わたしは、自分の選択を考えたとき、正しいほうへすすみます。わたしは、自分の体をコントロールできます。わたしは、自分がよいほうへすすむように選択できます。	わるい選択は、「いままでの私」の行動です。「いままでの私」は、自分がしていることを考えなかった。わるい選択は、問題につながります。
「あたらしい私」があうよいこと	「いままでの私」におこるわるいこと

選択

ステップ10：選択

テスト

ひづけ：＿＿＿＿＿＿＿＿＿＿＿＿

1．だれでも、選択している。

   正しい   まちがい

2．たいていの選択には、結果がない。

   正しい   まちがい

3．あなたの体をコントロールしているのは、だれですか。

_____

4．自分が選択して行動していることをわすれたら、きっと問題がおこる。

   正しい   まちがい

5．あなたが、怒っているとき、性的な気もちになっているとき、なにかに夢中になっているときがあります。そんなとき、選択しているのは自分だ、と気づかせるものはなんですか。

_____

_____

STEP10

6．つぎの4つの気もちのうち、自分の選択を考えやすいのは、どれですか（いちばんよいこたえに○をつけましょう）。

　A　怒っている
　B　性的な気もちになる
　C　冷静
　D　わくわくしている

7．あなたが、わるい選択をしようとしていると、だれかが気づいたらなんというでしょう。

_____

_____

選択

「わたしは、よい選択をします」

 このステップで、自分のスクラップブックにくわえること。
☐ あなたのきっかけと選択のリスト
☐ あなたの「S.O.D.A.」のワークシート

 フラッシュカードで思いだそう。
「べつの方法を考えて、よい選択をする」

よい選択をつづけなさい。
つぎのステップへ、すすむ準備ができました。

ステップ11
気き もち

　ステップ8では、**きっかけ**について勉強しました。きっかけとは、ことば、場所、あなたの気もちをゆさぶる出来事です。このステップでは、自分のなかにうまれた気もちを、よい方法でつたえる勉強をします。気もちや感情をかんじない人はいません。気もちをつたえるのが、じょうずな人もいます。うれしい気もち、あるいは怒った気もちのつたえかたしか、しらない人もいます。いろいろな気もちをたくさんしっている人もいます。「あたらしい私」になっていくときに大切なことは、うれしい気もちや怒った気もちだけではなく、いろいろな気もちのつたえかたを勉強することです。

　気もちをつたえられるようになれば、自分やほかの人をきずつけずに、ほしいものを手にいれることができます。

　いろいろな気もちがあり、つたえかたもいろいろです。ことば、写真、音、絵、顔の表情などでつたえます。

STEP11

　気もちをつたえる方法は3つあります。このあたらしい3つのことばを勉強しましょう。ひとつめは**消極的**、または**よそよそしい**。ふたつめは**攻撃的**、または**かっかとしている**。3つめは**意見がはっきりしている**、または**冷静**。このステップでは、意見がはっきりしている、または冷静であることを勉強してください。

　　消極的（よそよそしい）というのは、話をしない、しずかでなにもしない、ということです。消極的な人は反応しません。いつも、しずかで、まわりの人をこまらせません。消極的な人は大声をだしたり、けんかはしません。じつは自分できめなければならないことを、人まかせにします。はずかしがり屋の人は、消極的なことがよくあります。

　　攻撃的な（かっかとしている）人は、自分の意見や考えをいいはり、ときどきつよく要求します。攻撃的な人は、自分の行動がほかの人にどんなふうに影響するのかを、あまり考えません。攻撃的な人はうるさくて いじわるなので、ほかの人をこわがらせます。いじめる人には、攻撃的な人がおおいです。

　　自分の意見をはっきりいう（冷静な）人は、自分の思ったことを話し、のぞんでいることをきちんとつたえます。自分の意見をはっきりいう人は消極的ではありません。なぜなら、自分の意見をはっきりいう人は、自分で話し、自分できめ、人まかせにしないからです。はっきりした人は、人をきずつけず、おどさずに、自分の気もちをつたえます。

消極的、攻撃的、自分の意見をはっきりいう。この3つのことばは、気もちをつたえる方法です。消極的な人は、自分の気もちをじゅうぶんつたえません。攻撃的な人は、いじわるで人がいやがる方法をつかいます。はっきりした人は、人をきずつけたり おどしたりしないで、自分の気もちをはっきりつたえます。「あたらしい私」は、自分の意見をはっきりいい、冷静な行動をします。

気もち

どうしたら、自分(じぶん)の意見(いけん)をはっきりいう人(ひと)になれるか、それを勉強(べんきょう)しましょう。まず、あなたがハッピーになったり、怒(おこ)ったりすることをみてみましょう。

 宿題(しゅくだい) 11 A

あなたをハッピーな気(き)もちにすることを4つかきなさい。

1. _____
2. _____
3. _____
4. _____

 宿題 11 B

あなたを怒らせることを4つかきなさい。

1. _____
2. _____
3. _____
4. _____

宿題11 C

まえの宿題であげた気もちのほかに、4つかきなさい。あなたが、ときどきかんじている気もちです（たとえば、かなしい、さびしい、こわい、セクシーな、がっかりした、やさしい、空腹だ、つかれた、つめたい）。もっとたくさんあるときは、つぎのページのリストからえらびなさい。

1. _____
2. _____
3. _____
4. _____

いろいろな気もちをリストにしました。あなたが、きっとかんじたことのある気もちです。あなたは、カウンセラーや治療グループのメンバーといっしょに、こうした気もちを態度であらわしてみてください。日記のなかで、気もちのことばをつかってみるのもいいでしょう。

不安な	後かいしている	攻撃的	かっかしている
じしんのある	内気な	退屈な	よそよそしい
好奇心のつよい	かなしい	ふきげんな	わくわくする
はずかしい	うれしい	まじめな	おろかな
いちばんしあわせ	満足した	はずかしがり	ぎくっとした
えらそうな	納得した	親切な	かしこい
用心ぶかい	おどおどした	思いやりのない	怒りっぽい
夢中になる	むっつりした	緊張した	びっくりした

気もち

罪悪感がある	きずついた	不満だ	すきだ
きっぱりきめた	頭にきた	怒った	愛情のある
興味がある	たよりがち	おちこんだ	じまんする
うらやましい	神経質	こわい	注意ぶかい
ほっとした	わがまま	力づよい	おどろいた
さびしい	同情する	よろこんだ	心をかきみだす
みじめな	えらそうな	おびえた	よくばり
ふざけた	活気がない	心配な	

怒り

ストップ！　ここは大切です。怒りが、ほかの気もちの言いわけになることがあります。

さびしい、こわいなどいろいろな気もちをかんじたくないとき、そのかわりに怒ることで、ほんとうの気もちをかくすことがあります。ほんとうの気もちをかくすために怒ると、考えかたエラーやまちがった考えかたをしていることとおなじです。自分の気もちを話すのは、怒りのコントロールに役だちます。

あなたが自分の体をずっとコントロールして、よい方法で気もちをあらわすのなら、怒ってもＯＫです。でも、いつも怒っている人は攻撃的な人です。攻撃的にふるまったり怒っているのは、「いままでの私」の行動です。よく怒る人は、気もちをつたえるのがへただ、ということがわかっています。だから怒りは、ほんとうの気もちをかくすための言いわけだと考えなさい。つぎのページに、例があります。

怒りの氷山

　怒りは、氷山のてっぺんのようなものです。あなたがしっているのは、てっぺんにある怒りだけです。水のなかにかくれている気もちを、あなたはぜんぜんしりません。怒りを行動であらわせば、あなたはきっと問題をおこします。けれども、あなたがほんとうの気もちを話すようになれば、怒りはきっとなくなります。

気もち

宿題 11 D

つぎのページには、「怒りの氷山」と「怒りのきろく」の2つの宿題があります。この宿題は、怒りの気もちをかんじたとき、あなたが「あたらしい私」になって選択をするのに役だちます。ステップ10の「S.O.D.A.」の宿題も、「あたらしい私」の選択をするとき、役にたちます。

今日から2週間、「怒りの氷山」と「怒りのきろく」、「S.O.D.A.」、この3つの宿題をコピーしてつかいなさい。怒りの気もちをかんじたときに、この3つの宿題にかきます（宿題のやりかたは、カウンセラーと相談してください）。

怒りをコントロールする方法や、これまでの宿題をコピーして、サポートチームといっしょにみて、スクラップブックにもいれなさい。いつも、よみなさい。つかってはじめて、効果があります。

怒りのコントロールは、とても大切です。怒りをコントロールすれば、友だちをつくりやすくなります。仕事をもっとつづけることもできます。のぞむものを手にいれやすくなります。自分の意見をはっきりといい、自分の気もちを安全であんしんな方法でコントロールすることが大切です。

怒りをコントロールするために、フラッシュカードを3まい用意しています。

怒りの氷山

わたしが怒ったとき、怒りの氷山は、かなしい、こまった、どうすることもできない、がっかりした、さびしい、こわい、うんざりした、などの気もちで おおきく ふくらみます。わたしは、このシートを支援者や家族といっしょにみて、自分の気もちについて話します。

ほかの気もち

_____
　　　　_____
_____
　　　　_____

怒りをかんじたときに、いろいろな気もちをしるために、つぎの怒りのきろくをつかいなさい。

気もち

怒りのきろく

なまえ_____　ひづけ_____

今日、いちばん怒ったことをかきなさい。
_____
_____

あなたは どのくらい怒りましたか。　　　　1　2　3　4　5

怒ったときに、あなたはなにをしましたか。
_____
_____

それは怒りをコントロールするのによい方法ですか、それともわるい方法ですか。その理由はなんですか。
_____

もしそれがわるい方法なら、つぎはどうすればいいですか。
_____

まわりの人は、どのようにかんじたと思いますか。
_____

今日、あなたがかんじたほんとうの気もちは、なんですか。
_____

あいているところに、あなたの怒りの絵をかいてください。

STEP11

　自分の怒りをうまくコントロールするための計画をつくりなさい。つぎのページには、ほかの人の例がのっています。この例をつかってもいいし、自分のものをつくってもかまいません。

　怒りの気もちをかんじたら、こうしようと思います。＿＿＿＿＿＿＿

＿＿＿＿＿＿＿＿＿＿＿＿＿＿＿＿＿＿＿＿＿＿＿＿＿＿＿＿＿＿＿＿＿＿

 宿題11 E

　できるだけたくさん、気もちをあらわすことばをかきなさい。あなたがしっている気もち、しりたい気もちをかきなさい。カウンセラーに手つだってもらっても、かまいません。このステップのほかの宿題を、みなおしてもかまいません。

1. ＿＿＿＿＿＿＿＿＿＿＿＿＿＿＿＿＿＿＿＿＿＿＿＿＿＿＿＿＿＿＿
2. ＿＿＿＿＿＿＿＿＿＿＿＿＿＿＿＿＿＿＿＿＿＿＿＿＿＿＿＿＿＿＿
3. ＿＿＿＿＿＿＿＿＿＿＿＿＿＿＿＿＿＿＿＿＿＿＿＿＿＿＿＿＿＿＿
4. ＿＿＿＿＿＿＿＿＿＿＿＿＿＿＿＿＿＿＿＿＿＿＿＿＿＿＿＿＿＿＿
5. ＿＿＿＿＿＿＿＿＿＿＿＿＿＿＿＿＿＿＿＿＿＿＿＿＿＿＿＿＿＿＿
6. ＿＿＿＿＿＿＿＿＿＿＿＿＿＿＿＿＿＿＿＿＿＿＿＿＿＿＿＿＿＿＿
7. ＿＿＿＿＿＿＿＿＿＿＿＿＿＿＿＿＿＿＿＿＿＿＿＿＿＿＿＿＿＿＿
8. ＿＿＿＿＿＿＿＿＿＿＿＿＿＿＿＿＿＿＿＿＿＿＿＿＿＿＿＿＿＿＿
9. ＿＿＿＿＿＿＿＿＿＿＿＿＿＿＿＿＿＿＿＿＿＿＿＿＿＿＿＿＿＿＿
10. ＿＿＿＿＿＿＿＿＿＿＿＿＿＿＿＿＿＿＿＿＿＿＿＿＿＿＿＿＿＿

気もち

 宿題 11 F

あなたが自分の気もちを話せるのはだれですか。その人のなまえをかきなさい。

1. _____
2. _____
3. _____
4. _____
5. _____

 宿題 11 G

マッチングゲームをしましょう。気もちをあらわすことばと、それにあう場面をマッチさせます。気もちのことばとそのことばにあう場面を、線でむすびなさい。

さびしい・　　　　　・昼食
ハッピー・　　　　　・ねるじかん
がっかりした・　　　・たのしいことをする
おなかがすいた・　　・友だちがすくない
つかれた・　　　　　・わるいやつが得した
機嫌がわるい・　　　・家族をもつ
かなしい・　　　　　・プールのある遊園地にいく
わくわくした・　　　・だきしめる
親しみやすい・　　　・問題をおこす
かわいい・　　　　　・わたしのネコがしんだ
たのしい・　　　　　・すきな人とあそぶ

(STEP11)

 **宿題11 H**

　この２週間のことを思いだしましょう。自分の体験を思いだして、つぎの文を完成させなさい。

1．わたしがワクワクしたのは、こんなときです。
_____
_____

2．わたしががっかりしたのは、こんなときです。
_____
_____

3．わたしが愛されていると思ったのは、こんなときです。
_____
_____

4．わたしがうれしかったのは、こんなときです。
_____
_____

5．わたしがかなしかったのは、こんなときです。
_____
_____

気もち

6．わたしがどうしてよいかわからなくなったのは、こんなときです。
___
___

7．わたしがさびしかったのは、こんなときです。
___
___

8．わたしがほこりに思うのは、こんなときです。
___
___

9．わたしがこわかったのは、こんなときです。
___
___

気もちがつよすぎて、よい選択ができないことがあります。そんなときには、自分の気もちをしずめるための計画が大切です。そうすれば、自分の気もちをうまくあつかうことができます。サトシがおちつくためにやっていることがあります。このリストをつかってもいいし、自分用につくってもかまいません。

気もち

　リラックスし、おちつくことができる方法をリストにしなさい。絵をつかってもかまいません。サトシの例をいくつかつかってもいいし、自分のものをつくってもかまいません。

1. _____
2. _____
3. _____
4. _____
5. _____

　「リラックスできること」のリストをコピーして、あなたの支援者にわたして、いっしょにみましょう。スクラップブックにいれて、つかってみよう。

　このリストをつかって練習しなさい。気もちが混乱していなくてもつかってください。準備ができていれば、あなたは自分の気もちを、安全であんしんな方法でコントロールすることができます。自分の意見をはっきりいって、人をきずつけません。

宿題 11 J

したの表に、「あたらしい私」がであうよいこと、「いままでの私」におこるわるいことを、かきなさい。

あたらしい私	いままでの私
わたしは自分の気もちをつたえることができたとき、正しいほうへすすみます。わたしは、自分がなにに怒ったかをはなすことができます。わたしは、怒りにコントロールさせません。わたしは、気もちが混乱したとき、おちつくことができます。	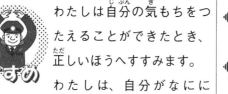 「いままでの私」は自分の気もちをいわないので、まちがったほうへいきました。怒りにコントロールされたので、「いままでの私」はまちがったほうへ、いきました。
「あたらしい私」がであうよいこと	「いままでの私」におこるわるいこと

気もち

ステップ11：気もち

テスト

ひづけ：＿＿＿＿＿＿＿＿＿＿

1. 適切なのは、どれでしょうか（いちばんよいこたえに〇をつけましょう）。

   A　消極的（よそよそしい）
   B　自分の意見をはっきりいう（冷静な）
   C　攻撃的な（かっかとしている）

2. 今週、あなたがかんじた気もちにいくつか〇をつけましょう。

   A　うれしい
   B　気もちが混乱した
   C　さびしい
   D　かなしい
   E　AからDとは、べつの気もち

3. 自分の気もちを話すのに、いちばんよいタイミングはどれですか。

   A　トラブルをおこしたあと
   B　だれかをきずつけたとき
   C　なやみごとがないとき
   D　行動するまえ

(STEP11)

4．自分の気もちを話しにくいのは、どんなときですか。
_____
_____

5．気もちが混乱したときに、おちつきをとりもどすことができること全部に〇をつけましょう。

　　A　シャワーをあびる
　　B　さんぽする
　　C　パンチする（サンドバッグなど）
　　D　おんがくをきく
　　E　絵をかく
　　F　友だちと話す

6．ほかに、あなたがおちつきを　とりもどすことができるのはなんですか。
_____
_____

7．あなたは、自分の気もちがコントロールできなくなったとき、おちつきをとりもどすために、手つだってほしい人はだれですか。

　　A　警察官
　　B　自分自身
　　C　わたしのケースワーカー
　　D　いっしょに生活している人

気もち

「わたしは、よい方法で自分の気もちをつたえることができる」

 このステップで、自分のスクラップブックに、くわえること。
☐ 怒りをしずめるための計画
☐ リラックスするための計画

 フラッシュカードで思いだそう。
「自分の気もちをよい方法でつたえる」

よくできました。
ステップ 11 を完成しました。

ステップ 12
行動のサイクル

あるきまった順番で、くりかえしおこることを**サイクル**といいます。ひとつのサイクルのなかで、おなじ段階がなんどもくりかえされます。サイクルとは、すごろくのようなボードゲームに にています。ボードゲームのマスひとつずつが、サイクルの段階です。

 宿題12A

紙を4まい用意しなさい。1まいめに「手をたたく」とかきなさい。2まいめには「まばたきする」、3まいめに「わらう」、4まいめに「うなずく」とかきなさい。その4まいの紙を床に四角になるようにおきなさい。1まいめの「手をたたく」とかいてある紙のうえにたち、手をたたきなさい。

時計まわりにすすんで、つぎの紙のうえにたち、その紙にかいてあることをしなさい。「手をたたく」とかいてある紙にもどるまで、くりかえしなさい。これが行動のサイクルです。

(STEP12)

　ボードゲームをしているときには、すすむ方向や、ゲームの内容は、サイコロの数字できまります。しかし、毎日の生活では、あなたが主役です。いくところやすることをいつも自分でコントロールしています。どこにいくべきか、なにをするべきかは、あなたがきめているのです。ステップ12では、よい選択ができるように、そして、よいことにつながる、よいサイクルがつくれるように、いっしょに勉強していきましょう。

　わたしたちの毎日の行動は、サイクルになっています。たとえば、おきる・たべる・はたらく・ねる・おきる・たべる・はたらく・ねる、というように、行動をなんどもくりかえしています。サイクルの段階は、プラスの（よい）ものか、マイナスの（わるい）ものかのどちらかです。だれにも行動のサイクルがあります。

　自分のサイクルを点検すると、よい選択と正しい考えかたをつかって、**よいサイクル**で行動する方法がわかります。サイクルによっては、犯罪（まちがったタッチ）にすすんでしまいます。これは、**犯罪のサイクル**といって、とくにわるいものです。まわりの人をきずつけたり、自分にとってよくないことがおこるからです。ステップ12では、犯罪のサイクルやわるいサイクルをさけることができるようになります。

　まず、まちがったタッチをする犯罪のサイクルや、問題につながる**わるい行動サイクル**を勉強します。そうすれば、よい結果がでる**よい行動サイクル**をつくることができるようになるでしょう。

行動のサイクル

あなたの犯罪サイクル

あなたがまちがったタッチをしたとき、あなたは犯罪のサイクルのなかで行動しているか、または、犯罪につながるわるい段階をすすんでいるのです。アキラがどうやってわるい段階をすすんでいったのか、話しています。

いつもどおり、ふつうの日。いい気ぶん。

▶

パソコンで、はだかの写真をみた。

▶

スイッチがはいった。

▶

いもうととふたりっきりであそんだ。

▼

アキラの犯罪サイクル

「二度とおこらない」と自分にいいきかせた。でも、なにも考えなかった。

▲

わるい考えがうかんだ。いもうとをさわろうと考えはじめた。

▼

「自分のせいではない、たいしたことじゃない」と自分にいいきかせた。

▲

いもうとにとても親切にして、ふたりっきりであそんだ。

▼

自分のことや、自分がおこした問題全部がわるいと思った。

◀

家族にみつかって、刑務所にいかなければならなくなった。

◀

いもうとはきずつき、とてもおびえた。

◀

いもうとのプライベートゾーンをさわった。

これは、アキラがいもうとに、まちがったタッチをしたときの、サイクルの段階です。アキラは自分のサイクルをしるために、いっしょうけんめいとりくみました。そして、自分のサイクルをよいサイクルにかえて、まちがったタッチをしなくなりました。

　このサイクルの段階は、どんな犯罪のサイクルにもあてはまります。まちがったタッチをしたとき、このサイクルの段階がすべておこっています。しかし、あっというまにおこってしまうので、あなたは気づいていません。もし質問があったり、わからなかったらきいてください。まちがったタッチをしたときのことを考えましょう。あなたのサイクルにはどんな段階がおこっていますか。

 宿題12 B

　最後のまちがったタッチを思いだして、絵をみながら、あなたの犯罪サイクルをかきなさい。

 つぎのページの宿題ができたら、コピーして、支援者といっしょにみましょう。あなたのスクラップブックにもいれましょう。

行動のサイクル

わるいタッチをするまえは、どんな気もちでしたか。	どんなきっかけがありましたか。	きっかけで、どんな気もちになりましたか。	危険ゾーンはなんですか。

つぎにやろうとしていることは。	わたしの犯罪サイクル		どんなことを考えはじめましたか。
自分のやったことをどのように考えましたか。			どんな計画を用意しましたか。

どんな気もちになりましたか。	あなたには、どんなわるいことがおきましたか。	被害者には、どんなわるいことがおきましたか。	なにをしましたか。

よくがんばりました。あなたの犯罪サイクルができあがりました。あなたの犯罪サイクルにつながるものが危険ゾーンです。この危険ゾーンをさけなければなりません。

わるい行動サイクル

あなたは、くりかえし問題をおこしていると、いつも考えていませんか。自分のすることが、すべて問題になると、いつも思っていませんか。これを、**わるい行動サイクル**といいます。

わるい行動サイクルは、あなたが問題をおこしたり、わるいことをすることにつながる行動のサイクルです。わるい行動のサイクルでは、ひとつひとつの段階でわるい考えかたをしています。つぎにかいてあるのは、シュウジのわるい行動サイクルです。

行動のサイクル

気もち：気ぶんがよかった。	きっかけ：仲間のケンが、わたしにどなってきた。	気もち：びっくりして、かなしくなった。あぶないと思った。	わるい考えかた：どうやってしかえしをしようか、考えた。
じかんがたった。	シュウジのわるい行動サイクル		わるい計画：大声をあげて、なにかをこわそうと思いついた。なにも考えないで、そうした。
計画：「ケンがまたそんなことをしなかったら、いいんだ」と考えた。自分は、なにも計画をたてなかった。			わるい行動：大声をあげて、いすをこわした。
わるい考えかた：「全部、ケンのせいだ」と自分にいいきかせた。	気もち：もっと頭のなかがごちゃごちゃになった。	自分にとってわるいこと：問題をおこしたので、ボウリングにいけなくなった。	まわりの人にとってわるいこと：家にいた人はみんなおびえて、あぶないと思った。

211

宿題12 C

つぎのページの「わるい行動サイクル」をコピーしなさい。この2週間のあいだにしたわるい選択や、まちがったことをしたときのことを思いだして、コピーしたページにかきなさい。自分のきっかけ・気もち・計画・わるい行動・考えかた・その結果おこったよくないことをかいて、サイクルをつなげなさい。これが、あなたのわるい行動サイクルです。わるい選択をしたとき、このサイクルにかきこみなさい。よい方法で自分の行動をコントロールするためです。

つぎのページの宿題を完成させたら、コピーしてあなたの支援者といっしょにみましょう。スクラップブックにもいれましょう。

あなたの問題行動につながるサイクルの段階のことがわかりました。ステップ10で勉強したとおり、ちがう道をいつでもえらぶことができるはずです。サイクルのわるい段階にすすめばすすむほど、わるいサイクルから ますますぬけだしにくくなります。つぎに、自分のわるいサイクルを、よい結果につながる、よいサイクルへとかえる方法を勉強します。そのサイクルの最後には、つぎになにをするべきかを考え、計画しなければいけないことがわかります。これが正しい考えかたをするということです。

行動のサイクル

どんな気もちでしたか。	きっかけはなんでしたか。	どんな気もちになりましたか。	わるい考えかたは、どんなことでしたか。
じかんがたった。	わたしのわるい行動サイクル		わるい計画はどんなことでしたか。
なにか計画がありますか。			なにをしましたか。
自分がしたことについて、どう考えましたか。	どんな気もちになりましたか。	あなたにとって、わるいことはなんでしたか。	まわりの人にとって、わるいことはなんでしたか。

213

よい行動サイクル

さあ、あたらしいサイクルをつくりましょう。あなたのよい行動サイクルをつくります。よい行動サイクルは、わるい行動サイクルとおなじ段階からはじまります。気ぶんがいい、きっかけがある、わるい いやな気もちになる。「ストップ！」ここでよい行動のサイクルにかえるための選択をします。

わるい行動サイクルにもどって、サイクルの段階をひとつずつ、みてみましょう。わるい行動のサイクルになるまえに、ストップして、べつの行動ができたかどうかを考えなさい。シュウジがわるい行動をするまえにストップして、自分の選択をみつけ、どうしたかがかいてあります。

シュウジの例：

わるい選択をしているのに気がついたら、支援者の声がきこえた：

「話をしようよ」
このことばで、リラックスやよい選択を思いだします。

ストップ！

わたしができること：

リラックスする
散歩する
友だちにでんわする
そとへいく
本をよむ

わたしの選択

では、シュウジがどうやってわるい行動のサイクルをストップして、よい行動のサイクルにかえることができたのか、みてみましょう。

行動のサイクル

気もち 気ぶんがよかった。	きっかけ 仲間のケンが、わたしにどなってきた。	気もち びっくりして、かなしくなった。あぶないと思った。	ストップして考えた： ケンはほんとうに頭のなかがごちゃごちゃになっていたにちがいない。	正しい考えかた いちどその場所からはなれて、支援者に話しにいく。
じかんがたった。		シュウジの よい行動サイクル 		ストップして考えた： たのしい活動リストをもういちどよんだ。
計画 つぎも、ストップして、よい選択をするように、もっとしっかり準備しよう。				よい計画 いっしょにボウリングにいこうと、ケンをさそうことにした。
正しい考えかた わたしは自分をコントロールできるし、よい選択ができる。	気もち とてもよい気ぶんだった。	わたしにとってよいこと ボウリングをして最高にたのしかった。ケンに影響されなかった。	まわりの人にとってよいこと みんな、とてもたのしんだ。みんなが、わたしがとてもよいことをしたといった。	よい行動 みんなでボウリングにいった。

STEP12

　いつストップするか、どうしたらわかるでしょうか。あなたのサイクルからわるい行動をとりだして、ひだりのストップのところにかきなさい。みぎに、あなたが選択したべつの行動をかきなさい。

ストップ！

わたしの選択

わたしができること：

行動のサイクル

宿題12E

さて、つぎのページをつかって、あなたのよい行動サイクルを完成させなさい。

いままでのサイクルのなかでいちばん大切なものです。あなたのよい行動サイクルをコピーしなさい。できあがったら、支援者といっしょにみましょう。スクラップブックにもいれなさい。

正しい考えかたと気もちをあわらすよい方法をおぼえておくと、よい結果を手にいれるはずです。支援者やグループの仲間といっしょに、自分の行動サイクルをつくることができました。支援者や仲間は、あなたがよい行動のサイクルをえらぶよう手だすけしてくれます。

(STEP12)

どんな気もちでしたか。	きっかけはなんですか。	どんな気もちになりましたか。	ストップしてどう考えましたか。	なにを考えましたか。

じかんがたった。		わたしの よい行動サイクル		ストップして、どう考えましたか。
つぎの計画はなんですか。				なにを計画しましたか。

自分のしたことについて、どう考えましたか。	どんな気もちになりましたか。	あなたにとってよかったことはなんですか。	まわりの人にとってよかったことはなんですか。	なにをしましたか。

218

行動のサイクル

 宿題 12 F

したの表に、「あたらしい私」がであうよいこと、「いままでの私」におこるわるいことを、かきなさい。

あたらしい私	いままでの私
わたしはよい行動サイクルをつかうと、正しいほうへすすみます。 わるいサイクルからぬけだすために、よい選択ができます。 犯罪のサイクルのなかの段階から、はなれておく方法をしっています。	「いままでの私」はわるい行動サイクルをつかいます。 「いままでの私」はわるい選択をして、わるい行動サイクルにはまりこんでしまいます。 「いままでの私」は犯罪のサイクルの段階からはなれないと、まちがったほうへすすんでしまいます。
「あたらしい私」があであうよいこと	「いままでの私」におこるわるいこと

ステップ 12：行動のサイクル

テスト

ひづけ：＿＿＿＿＿＿＿＿＿

1. あなたが、よい行動のサイクルか、わるい行動のサイクルか、どちらのサイクルにいるかを、きめるのはだれですか。

   A　わたし
   B　いっしょにすんでいる人
   C　支援者
   D　わたしをいやな気もちにさせる人

2. きっかけは、わるい行動のサイクルにつながることがある。

   　　　正しい　　　　　　まちがい

3. きっかけは、「いつも」わるい行動のサイクルにつながる。

   　　　正しい　　　　　　まちがい

4. あなたのわるい行動のサイクルのきっかけは、なんですか。

行動のサイクル

5. つぎに、きっかけにであったら、あなたはどうしますか。

_____

_____

6. わるい行動のサイクルからぬけだすのに、いちばんよいのは、いつですか（いちばんよいこたえに〇をつけなさい）。

    A   しかえしをしたあと
    B   トラブルになったとき
    C   警察によばれたとき
    D   コントロールに失敗するよりも まえ

7. 自分の行動のあとに、どんなわるいことがおこるのかを考えると、わるい行動のサイクルをさけることができる。

          正しい   まちがい

8. 考えかたエラーは自分のよい行動のサイクルのひとつだ。

          正しい   まちがい

9. わるい行動のサイクルをおわらせて、よい行動のサイクルをすすむ必要がある。

          正しい   まちがい

10. わるい行動のサイクルからぬけだすために、できることを3つかきなさい。

A. _____

B. _____

C. _____

STEP12

「よい行動のサイクルをすすむために、これからは正しい考えかたをして、ストップして、考えます」

このステップで、自分のスクラップブックにくわえること。
- ☐ あなたの犯罪サイクル
- ☐ あなたのわるい行動サイクル
- ☐ あなたのよい行動サイクル

フラッシュカードで思いだそう。
「よい行動のサイクルをすすもう」

快調です！

ステップ13

被害者と共感

　ステップ13では、被害者について勉強します。**被害者**とは、虐待され、きずつけられ、くるしんだ人です。体をきずつけられたり（身体的虐待といいます）、性的なことで体や心をきずつけられたり（性的虐待といいます）、ひどいことばをいわれること（心理的虐待といいます）を、「虐待」といいます。あなたも、性的虐待や身体的虐待の被害者かもしれません。ステップ13では被害者のことを勉強します。被害者は、どんな気もちになるかを勉強します。そのつぎに、あなたが被害者になったときのことをふりかえります。最後に、被害者の役にたつような適切な方法を勉強します。

　性的虐待やわるいタッチなど、いろいろなやりかたで、きずつけられた人は、たくさんいます。つぎのような人のことです。
・年上の人から性的虐待をうけた子ども
・ほかの人から性的虐待をうけた若者や大人
・プライベートゾーンをみせられた人
・ききたくないのに、でんわで性的なことをきかされた人
・家のまどからのぞかれて、プライバシーをやぶられた人
・なにかをぬすまれた人

_____
_____
_____

　カウンセラーといっしょに、ほかにどんな被害者がいるかを考えて、うえのリストにかきくわえましょう。

宿題13 A

　あなたが、わるいタッチをして、性的にきずつけた人のリストをつくりなさい。そして、このリストについてカウンセラーに話しなさい。

_____
_____
_____
_____

　人はそれぞれちがうので、わるいタッチや虐待にたいするかんじかたも、ちがいます。これは、被害者がかんじるかもしれない気もちのリストです。

- こわい
- まとまりがつかない
- 怒った
- ちょっとしたことでびっくりする
- ひとりぼっち

- うんざりした／からっぽになった
- はずかしい
- 自分がわるい
- きずついた
- 無力だ

被害者と共感

　あなたが性的または身体的虐待の被害者だとしたら、自分の気もちを話すチャンスです。カウンセラーやグループで話す練習をして、自分の気もちをもっと理解しましょう。つぎは、虐待をうけた人のためのページです。あなたが虐待されなかったとしても、ひととおり よんでください。カウンセリングで被害をうけた気もちを話せたならば、あなたにタッチした人や、あなたをきずつけた人にたいして、自分がどうかんじたか、なにをしてほしいかを、話しやすくなるでしょう。

　あなたに虐待をした人は、あなたのちかくにはもういないかもしれません。そうだとしても、自分の気もちを話そうとするのはよい考えです。自分の気もちをその人への手紙にかいてみるのがいいですね。その手紙は相手におくるかもしれないし、おくらないかもしれません。

　では、あなたの気もちをかいてみましょう。その手紙をどうするかについては、あとでカウンセラーが相談にのってくれるでしょう。

　手紙には、こうかきます。

1．「こんにちは、タロウさん」のように、あいさつからはじめましょう。

2．いま、あなたが なんさいで、どこにすんでいるかをかきましょう。

3．その人が、あなたにどんなタッチをしたのか、おぼえていることを正しくかきましょう。

4．タッチされたとき、あなたがどうかんじたのかをかきましょう。

5．その人にしてほしいことをかきましょう。たとえば、「もうまちがったタッチをやめて、あなたもサポートをうけてほしい」というふうにです。

6．自分のなまえをサインします。

　つぎのページは、ある若者が義理の姉にかいた手紙です。姉は、かれにまちがった性的なタッチをしたことがありました。

こんにちは　ねえさん

　ぼくは、19さいになりました。施設で生活しています。おばさんの家では、もうくらせなくなりました。おばさんのところのサチコとリサコに、ぼくがまちがったタッチをしたからです。

　ぼくが10さいくらいのころ、ねえさんからまちがったタッチをおそわったことをおぼえています。ねえさんは、18さいくらいでした。ぼくたちは、おとうさんのふるい家にいました。ぼくとねえさんはブドウ畑にいて、それからいっしょに寝室にもどってきました。ぼくは、トイレにいきたくなりました。そしたら、ねえさんはいいましたね。ぼくのペニスを、ねえさんのワギナに、いれることができるって。その日2回、そんなことがあったのをおぼえています。

　そのとき、自分がどんなふうにかんじたか、ほんとうのところはよくわかりません。でも、いまは、ねえさんがぼくにしたことを思いだすと、よい気もちがしません。

　ねえさん、子どもにまちがったタッチをするのはやめてください。ねえさんもカウンセラーのところにいって、相談したほうがよいと思います。それと、ねえさんが、どうしてぼくのペニスをさわったのか、しりたい気もちもあります。

　ぼくの気もちをきいてくれて、ありがとう。ねえさんのことを心から心配しています。だって、ぼくのねえさんなんですからね。

2012年1月1日

おとうとのテツオより

被害者と共感

宿題13 B

あなたが虐待をうけていたとしたら、つぎは、あなたを虐待し、きずつけた人に手紙をかきます。カウンセラーに相談して、だれに手紙をかくかをきめましょう。手紙をかくのは、あなたの気もちを話すためだということをわすれないでください。

カウンセラーと相談して、その手紙をおくるかどうかをきめてください。グループに参加しているなら、グループメンバーのまえで手紙をよんでみるのもいいでしょう。あなたが手紙をわたすために、まちがったタッチをした人にあうことを、カウンセラーが手つだってくれるかもしれません。

まえのページの1から6の順に、あなたにまちがったタッチをしたり、あなたをきずつけた人へ、手紙をかいてください。つぎの2ページをつかってください。

この宿題がおわったら、コピーをとりましょう。あなたの支援者といっしょにみて、スクラップブックにもいれなさい。

_____さま

ひづけ_____

<ruby>拝啓<rt>はいけい</rt></ruby>

被害者と共感

敬具(けいぐ)

自分(じぶん)のなまえ＿＿＿＿＿＿＿＿＿＿＿＿＿＿

STEP13

　よくがんばりました。あなたが、きずつけられ、まちがったタッチをされたときのことを考えるのは、とてもつらいことでしょう。でも、わすれないでください。そのときの気もちをおちついて考えて、カウンセリングのときやグループ、支援者に自分の気もちを話してください。

　つぎは、あなたがまちがったタッチをし、虐待した相手の人のことを考えます。つぎにかいてあるのは、カウンセリングをうけているある男性が、自分のいもうとにかいた手紙です。いもうとがちいさいときに、かれはまちがったタッチをしました。かれは、カウンセラーと相談しながら、この手紙をかきました。

スミコへ

　スミコのプライベートゾーンをきずつけてごめんなさい。

　ぼくは、もうそんなことをしないために、勉強しています。そんなことは、もうしません。自分の手で10回くらいスミコのプライベートゾーンにタッチして、きずつけたことをおぼえています。ぼくのペニスでもタッチして、きずつけました。ぼくがそばにいるとき、スミコがこわがる理由はわかっています。ぼくが、スミコにしたことは、すごくわるいことです。もう二度とスミコをきずつけないために、カウンセリングをうけています。

　家では、スミコのあとをおいかけたりしません。スミコをこわがらせたくないからね。これからずっと、ぼくは治療のルールを、全部まもります。

2012年 7月 1日

　　　　　　　　　　　　　　　　　　　　　　　　ケンイチ

被害者と共感

 宿題13Ｃ

つぎは、あなたがまちがったタッチをした人に手紙をかきます。つぎのような順番でかきなさい。

1. 今日のひづけをかきなさい。

2. 相手のなまえをかいて、あいさつをかきなさい。

3. まちがったタッチをしたことをあやまりたい、とかきなさい。

4. その人にしたことを正確にかきなさい。その人をどんなふうにタッチしたかをくわしくかきなさい。

5. 自分がしたのにうそをついたり、人のせいにしていたなら、それをみとめなさい。

6. タッチは被害者のせいではなく、あなたの責任であるとかきなさい。

7. これ以上まちがったタッチをしないために、あなたが勉強していることをかきなさい。

8. もういちど、まちがったタッチをしたことを、あやまりなさい。

9. 二度と、ほかの人をきずつけたり、さわったりしないと約束しなさい。

10. あなたのなまえをかきなさい。

つぎのページをつかって、まずひとつ、手紙をかいてみなさい。うまくかけないかもしれないと心配しなくてもよいです。清書のためにもっと紙をわたします。

この宿題がおわったら、コピーをとりましょう。支援者といっしょにみて、スクラップブックにいれてください。

_____さま

ひづけ_____

拝啓
はいけい

被害者と共感

敬具(けいぐ)

自分(じぶん)のなまえ＿＿＿＿＿＿＿＿＿＿

よくがんばりました。カウンセラーと相談して、この手紙を相手におくるかどうかをきめましょう。手紙をわたすために相手にあって、相手からの質問にこたえるというのもよいでしょう。しかし、直接あうのは、相手やその人のカウンセラーが、だれにとってもよいと考えたときだけです。ほかの被害者にも、おなじように手紙をかいたほうがいいでしょう。

 宿題13 D

したの表に、「あたらしい私」がであうよいこと、「いままでの私」におこるわるいことを、かきなさい。

あたらしい私	いままでの私
 わたしはよい友だちになれます。わたしは、ほかの人の気もちをだいじにします。ほかの人のことを考えれば、ゴールにたどりつくことができます。	「いままでの私」は、自分のことしか考えていませんでした。「いままでの私」は、人のことを考えていません。「わたし、わたし、わたし」と自分のことだけ考えていると、わるいことがおこります。
「あたらしい私」があう よいこと	「いままでの私」におこる わるいこと

被害者と共感

ステップ 13：被害者と共感

テスト

ひづけ：＿＿＿＿＿＿＿＿＿＿

1．共感とは、問題をおこしたときにめちゃくちゃになった気もちのことである。

　　　　　正しい　　　　　まちがい

2．共感とは、ほかの人が、どうかんじているかを考えることである。

　　　　　正しい　　　　　まちがい

3．性的虐待は、子どもをきずつける。

　　　　　正しい　　　　　まちがい

4．あなたが、きずつけた人に手紙をかけば、その人はあなたをゆるすはずだ。

　　　　　正しい　　　　　まちがい

5．性的虐待をうけた人たちは、たいてい、そのことをわすれている。

　　　　　正しい　　　　　まちがい

6．自分が虐待されたら、そのあと、ほかの人を虐待してもよい。

　　　　　正しい　　　　　まちがい

7．相手がどんなふうにかんじているか、わたしは、いつもわかっている。

　　　　　正しい　　　　　まちがい

8. あなたが、ほかの人のことを大切にしていることを、わかってもらうためには、なにをしますか？

_____

_____

9. 共感をあらわすことばについてあてはまるものいくつかに、○をつけなさい。

A 友だちに、どうかんじているかをたずねる。
B 仕事をたのまれたら、わめく。
C まわりの人に迷惑をかけないように、ラジオの音をさげる。
D 「お手つだいしようか」という。
E まちがった選択をしたときには、ごめんなさいとあやまる。

被害者と共感

「わたしは自分を大切にします。そして、ほかの人の気もちも大切にしていることを、わかってもらおうとします」

このステップで、自分のスクラップブックにくわえること。
☐ あなたを きずつけた人への手紙
☐ あなたが きずつけた人への手紙

フラッシュカードで思いだそう。
「自分のことや人のことを、きちんと 考える」

すばらしい！ たくさん、やりとげました。

ステップ 14

安心して生活するためのわたしの計画

　だれでも、人生で成功したいと思っています。いろいろなところで、性的なタッチの問題のある人への支援があります。まちがったタッチをやめ、刑務所にはいらないようにするためです。刑務所にはいらないために、自分も、まわりの人も安心・安全に生活できる計画をたてています。

　ミチオは 29 さいです。まちがったタッチの問題で、6 カ月間カウンセリングをつづけています。ミチオからのアドバイスです。

　「わたしは性の問題をおこしました。ちいさい子どもをまちがった方法でさわりました。ときどき、わたしはどうしてもさわりたくなります。わたしは、なんども性の問題をおこしました。そのために、あとすこしで刑務所にはいるところでした。わたしは絶対に刑務所にいきたくありません。いま、この本をよんでいるあなたも、わたしとおなじ問題をもっているかもしれません。わたしには計画があって、それを実行しています。刑務所にいかないように、よい選択をする計画です」

刑務所に、はいらないためのルールがあります。

刑務所にはいらないためのルール

1. あなたとおなじくらいの年齢の人でなければ、その人のプライベートゾーンをさわってはいけません。
2. 最初に、相手にきいて、許可をもらわないかぎり、けっしてその人のプライベートゾーンをさわってはいけません。
3. 自分のプライベートゾーンにさわってよいのは、自分の部屋やトイレ、風呂場などプライベートな場所で、ひとりでいるときだけです。それいがいでは、自分のプライベートゾーンをさわってはいけません。
4. 子どもと、セックスやプライベートゾーンのことを話してはいけません。
5. ほかの人をきずつけるようなことをしてはいけません。
6. 人にこっそりちかづいてはいけません。
7. 大人がそばにいないときや、大人がみえないところで、子どもとふたりだけになってはいけません。子どもの世話をすることもいけません。
8. レスリング、たたくこと、さわること、つかみかかることをしてはいけません。
9. どんな理由があっても、ほかの人の部屋に はいってはいけません（あなたが自分にちかい年齢の人とつきあうようになれば、このルールはかわるかもしれません）。

安心して生活するためのわたしの計画

 宿題14A

　刑務所にはいらないためのルールを、自分がそうだと思ういいかたで、かきましょう。まず、ステップ1から勉強したルールをふりかえって、たしかめましょう。そこにあたらしく勉強したことをくわえていきましょう。

刑務所にはいらないためのわたしのルール

1. _____
2. _____
3. _____
4. _____
5. _____
6. _____
7. _____
8. _____
9. _____
10. _____

STEP14

 宿題14B

　自分のルールが確認できたので、つぎはルールをまもるための計画をつくりましょう。「安心して生活するための計画」には、自分のルール、自分のきっかけや危険ゾーンをあつかう方法と、さける方法がはいっています。きっかけ、危険ゾーンは警告サインといいます。「安心して生活するための計画」を実行するときに、警告サインは、それをわすれないよう注意するものです。あなたの支援者ぜんいんが、この計画をしって、あなたが計画を実行するとき、たすけると約束していることが大切です。

　あなたのきっかけ、危険ゾーンをかきだして、「安心して生活するための計画」をつくりましょう。

💣 きっかけ（ステップ8から）

1. _____
2. _____
3. _____

☠ 危険ゾーン（ステップ9から）

1. _____
2. _____
3. _____

安心して生活するためのわたしの計画

宿題14C

　自分のきっかけや危険ゾーンにちかづかないで、さけるようにがんばりましょう。ほかの人とおなじように、いつかは きっかけや危険ゾーンに、ちかづくことがあります。きっかけや危険ゾーンは、花粉アレルギーやハチにさされたときのアレルギーのようなものです。たいていは、さけることができます。でも、思いがけないところで、花やハチにであうことがあります。そんなとき、自分の安全をまもるために、するべきことをしっておかなければなりません。自分がどうすればよいか、計画をたてて、実行すればよいのです。

　あなたのリストにある、きっかけや危険ゾーンのひとつひとつについて、問題がおこらない、役にたつ よい方法を考えてみましょう。役にたつ、よい方法には、正しい考えかたをすることが必要です。役にたつ、よい方法がうまく実行できるように練習しなさい。

きっかけ１の役にたつ よい方法

_____

_____

きっかけ２の役にたつ よい方法

_____

_____

きっかけ３の役にたつ よい方法

_____

_____

危険ゾーン1の役にたつ よい方法

_____

_____

危険ゾーン2の役にたつ よい方法

_____

_____

危険ゾーン3の役にたつ よい方法

_____

_____

宿題14D

　ここまで勉強したことをまとめて、「安心して生活するためのわたしの計画」をつくっていきましょう。これは、あなたが安全なままいられ、ふたたび、まちがったタッチをしないようにするためのものです。この計画を練習し、実行すれば、問題がおこらずにすみます。この計画はあなたが完成させるのです。つくった計画を支援者といっしょにみて、実行しましょう。

1. 最初のページに、あなたのルールをコピーしなさい。
2. つぎの2ページをコピーして、のこりの計画をかきこみなさい。
3. できあがった計画を支援者にみてもらい、最後のページにサインしてもらいましょう。

　この宿題をコピーして、支援者といっしょにみましょう。スクラップブックにいれておきましょう。

安心して生活するためのわたしの計画

安心して生活するためのわたしの計画

　この計画は、わたしが問題をおこさないで、よい選択ができるようにつくられています。

わたしの警告サイン	わたしの役にたつよい方法
きっかけ	
きっかけ	
きっかけ	
危険ゾーン	
危険ゾーン	
危険ゾーン	

　ちがうきっかけや危険ゾーンをみつけたら、リストにくわえて、役にたつよい方法をつくります。支援者も、わたしがこのリストをふやすのを手つだってくれます。

（つぎのページへつづく）

安心して生活するためのわたしの計画

　これは安心して生活するためのわたしの計画です。支援者は、この計画をよんだら、わたしがこの計画を実行できるように手つだってください。そう、支援者におねがいします。もし、たりないところがあれば、わたしにおしえてください。

_____

　わたし（支援者）は、この計画を最後までよみました。わたしもいっしょにこの計画をつくりました。もっとアドバイスがいるときは、この計画にくわえるように手つだいます。わたし（支援者）は、この計画にじゅうぶん支援することに同意します。この計画がうまくいくように、できることは なんでもすることに同意します。

支援者　なまえ_____　ひづけ_____

支援者　なまえ_____　ひづけ_____

支援者　なまえ_____　ひづけ_____

支援者　なまえ_____　ひづけ_____

支援者　なまえ_____　ひづけ_____

安心して生活するためのわたしの計画

さあ、あなたの計画ができました。この計画がうまくいくかどうかは、あなたと支援者のがんばりにかかっています。

 宿題14E

したの表に、「あたらしい私」がであうよいこと、「いままでの私」におこるわるいことを、かきなさい。

あたらしい私	いままでの私
私には正しいほうへすすむための計画があります。私は正しいほうへすすむために、計画を実行しています。私が計画を実行すれば、ゴールにつきます。計画がうまくいかないときは、計画をかえることもできます。	「いままでの私」は計画がありませんでした。計画を実行しなかったので、「いままでの私」は問題をおこしていました。「いままでの私」はまえにすすむために、支援をたのみませんでした。
「あたらしい私」がであうよいこと	「いままでの私」におこるわるいこと

ステップ14：安心して生活するためのわたしの計画

テスト

ひづけ：＿＿＿＿＿＿＿

1．安心して生活するための計画には、警告サインもはいっている。

　　　　　　正しい　　　　まちがい

2．安心して生活するための計画を、きちんとしっているのは何人ですか（あてはまるこたえに〇をつけなさい）。

　　　　　1　2　3　4　5　6　7　8　9　10　もっとおおい

3．安心して生活するための計画を、支援者にしってもらうのはよい考えだ。

　　　　　　正しい　　　　まちがい

4．安心して生活するための計画はどこにおいてありますか。

_____

_____

5．安心して生活するための計画にある警告サインは、役にたつよい方法に関係があるはずだ。

　　　　　　正しい　　　　まちがい

安心して生活するためのわたしの計画

6．もしあなたが計画の実行をやめるとしたら、どうしたらよいでしょうか（最もよい こたえに○をつけなさい）。

    A　刑務所にいく
    B　あきらめる
    C　なげだす
    D　自分にあうように計画をつくりなおし、がんばる、あきらめない

7．あなたが計画を実行していることを、たしかめるのはだれですか（あてはまるものに○をつけなさい）。

    A　警察
    B　支援者
    C　ケースワーカー
    D　あなた自身

8．あなたが計画の実行をやめたら、支援者はどんなことをするでしょうか。

_____

_____

9．フットプリントを最後までやったら、あなたに問題がないことをしらせるために、ひとりで危険ゾーンにいけばよい。

        正しい　　　　　まちがい

10．フットプリントを最後までやったら、危険ゾーンをかんたんにさけることが、できるはずだ。

        正しい　　　　　まちがい

STEP14

「問題をおこさないために、安心して生活するための
わたしの計画を実行します」

このステップで、自分のスクラップブックにいれるもの。
□ 「安心して生活するためのわたしの計画」

フラッシュカードで思いだそう。
「安心して生活するためのわたしの計画」を実行する

よくがんばりました！　このステップをやりとげるのは、大変でしたね。

ステップ 15

復習してまとめよう

　これで、健康でしあわせに生活するためのステップが、すべておわります。いままで勉強してきた全部のステップをつかうことは、練習がたくさん必要で、とてもむずかしいです。しかし、これは、あなたがのぞんだゴールへいくために必要なことです。ステップ15では、あなたが、いままでがんばって勉強してきたことを復習します。あなたが勉強してきたことをおぼえておくために、そして毎日、実行するために、復習してまとめましょう。

　たくさんの人が、しあわせになるために、いままでのステップを勉強してきました。あなたが勉強してきたのとおなじです。わたしたちは、みんな おなじステップを勉強してきました。これからは、あなたが自分であるき、すすんでいくためのまとめをします。勉強してきたことを思いだせるように、これまでスクラップブックをつくってきました。いまから、そのスクラップブックをふりかえってみましょう。スクラップブックにかいてあることをえらんで、それを支援者といっしょにつかうために、ビデオやポスターにする人もいます。

(STEP15)

　スクラップブックは、あなたが安心して生活するための計画のひとつです。スクラップブックは、あなたがいままで勉強してきたことをわすれないために、支援者といっしょにつかえるものでなければなりません。

　それでは、マコトが自分のスクラップブックのことを話しているのをみてみましょう。

　「わたしは、2年まえに自分のスクラップブックをつくりました。わたしは、それを自分の部屋においています。2週間ごとに、支援者といっしょにみます。わたしがいままで勉強してきたことを、しっかりつかっているかどうか、たしかめるためにみます。ときどき、ひとつかふたつ、わすれることがあります。でもスクラップブックをみて、わすれていたところをもういちどよみます。そうすれば、また思いだすことができます」

　このステップでは、スクラップブックにまとめてきたことをふりかえるために、これまで勉強してきた14のステップをつかいます。フットプリントでの勉強がおわったら、スクラップブックは、しあわせで健康に生活するために役だちます。スクラップブックを毎日みて、まとめたことを思いだしましょう。スクラップブックの内容をわすれてしまったときは、もういちど、みなおしなさい。

復習してまとめよう

 宿題15A

自分のスクラップブックをみなおしなさい。あなたのスクラップブックには、それぞれのステップごとに、大切なポイントが、はいっているはずです。

	ステップ1：自分のことをしろう このステップには、「自分のルール」と「自分への手紙」がはいっています。
	ステップ2：わたしのゴール このステップには、「あなたがとりくんでいる自分の問題」、「自分がめざしているゴール」があります。
	ステップ3：わたしの約束 あなたは、「正しいタッチをすること」、「まちがったタッチをしないこと」を誓いました。このステップでは「正しいタッチをする誓い」や「正しいタッチのルール」がはいっています。
	ステップ4：わたしの歴史 自分の歴史を勉強し、グループの人やカウンセラーといっしょに考えました。このステップで、あなたの「性の歴史」をかきました。
	ステップ5：わたしの境界線 境界線について勉強し、境界線を大切にする方法を勉強しました。このステップには、「境界線のシート」がはいっています。
	ステップ6：わたしの性的な気もち あなたは、自分の性的な気もちをコントロールし、よい方法でつたえることができます。このステップでは、「自分の性的な気もちをよい方法であらわす方法」がかいてあります。

ステップ7：正しい考えかた
あなたは正しい考えかたをすることを勉強しました。このステップで、あなたは正しい考えかたをすることを約束しました。あなたがしてはいけない「考えかたエラー」のリストをかきました。

ステップ8：きっかけ
あなたは自分のきっかけがわかりました。このステップで、「きっかけのリスト」と「きっかけをさける方法」をかきました。

ステップ9：危険ゾーン
あなたは危険ゾーンをさける方法、そこからはなれる方法がわかりました。このステップには、さけなければならない「危険ゾーン」のリストがあります。

ステップ10：選択
あなたは、よい選択の方法がわかりました。「よい選択をするためになにをすればよいか」、計画をたてました。

ステップ11：わたしの気もち
あなたは、自分の気もちをあらわすことができます。このステップでは、相手をきずつけず、また、こまらせずに、「自分の気もちをあらわす」にはどうすればよいかがわかります。

ステップ12：わたしのサイクル
あなたは、「よい行動のサイクル」を実行すると誓いました。

ステップ13：被害者
あなたは被害者のことをしっています。相手を大切にするには、どうすればよいかもしっています。ここでは「被害者への手紙」をかきました。

ステップ14：安心して生活するためのわたしの計画
「安心して生活するためのわたしの計画」をつくりました。

復習してまとめよう

　スクラップブックを、支援者といっしょに復習しましょう。これはとても大切なものだから、とくに大切な場所におきましょう。

　さて、あなたは、正しいタッチとまちがったタッチのちがい、正しい考えかたとまちがった考えかたのちがいを、勉強しました。自分のきっかけと危険ゾーン、それをさけて、そこからはなれる方法もしっています。わるいサイクルをさける方法もしっています。性的なことを考えたときの気もちや、その気もちをつたえる方法も勉強しました。

　勉強したことは、まだまだあります。わるいタッチをしたときには、４つの段階があると ステップ４で勉強しました。わるいタッチにすすむ４段階にならないように、正しい段階をすすみましょう。つぎに宿題が４ページあります。あなたがゴールをめざし、よいことにであうために、完成させましょう。よい行動へとむかう段階を実行しましょう。これも、スクラップブックにかいておくべきものです。

　ステップ４にもどって、わるいタッチのまえにおこった４つの段階を思いだしてみましょう。

　１．わるい考えがうかぶ。
　２．まちがった考えかたをする。
　３．わるい計画をたてる。
　４．ほかの人のことを考えない。

では、この４つをかえるとどうなるかをかいてみましょう。

　１．あなたは、よいことをしたい。
　２．正しい考えかたをする。
　３．よい選択をするための計画をたてる。
　４．相手のことを考える。

　いまのあなたが、「あたらしい私」です。

STEP15

宿題15B

つぎのページから、それぞれよい選択をたくさんかきこみなさい。あなたがしたい、よいことは、どんなことですか。あなたが安心して生活するためには、どんなことを考えればよいですか。あなたのまわりに、安心して生活するのに役だつものはありますか。あなたのまわりにいる人と、どのようにつきあいますか。

　この宿題をコピーして、支援者にもみせましょう。あなたのスクラップブックにいれておきましょう。

やる気になることやアイデア

やってみたいと思うよいことや、これからたのしみにしている、よいこと。

正しい考えかたか、まちがった考えかたかをはっきりさせる

安心して生活し、正しい選択をするために考えたこと。

復習してまとめよう

私(わたし)の計画(けいかく)

安心(あんしん)して生活(せいかつ)するために、だれが、どんなことを支援(しえん)してくれますか。

まわりの人たち

まわりの人と、どんなつきあいをしたいですか。

復習してまとめよう

　この宿題には、とても大切なことがふたつあります。ひとつは、支援者といっしょにみること。もうひとつは、あなたがこれまで勉強してきたことを、全部実行することです。これからも勉強をつづけることをわすれないでください。

 宿題15C

　したの表に、「あたらしい私」がであうよいこと、「いままでの私」におこるわるいことを、かきましょう。

あたらしい私	いままでの私
わたしは安心して生活するためのステップをしっています。 わたしはそのステップを実行します。 勉強をつづけて成長し、ゴールにたどりつきます。	「いままでの私」は、失敗からまなびません。 「いままでの私」は、勉強したことをわすれてしまいます。 なまけたり、勉強したことをわすれたりするのは、「いままでの私」の行動です。
「あたらしい私」がであうよいこと	「いままでの私」におこるわるいこと

ステップ15：復習してまとめよう

テスト

ひづけ：＿＿＿＿＿＿＿＿

1．フットプリントで、あなたが勉強してきた正しいことを、わすれないために、どうしますか（役にたつことに〇をつけなさい）。

    A　勉強したことを実行する
    B　しっていることをほかの人と話しあう
    C　もうわるいことをしないために、本をすてる
    D　支援者の人と話しあう
    E　もうわたしは安全なので、危険な場所にでかける
    F　失敗をしてもなげださない

2．スクラップブックは、だれとみていますか（あてはまるもの全部に、〇をつけなさい）。

    A　わたしの家族
    B　わたしの なかのよい友だち
    C　わたしの支援者
    D　わたしの保護観察官

復習してまとめよう

3．あなたはスクラップブックを、どこにおいていますか。

_____

4．安全に生活するためのわたしの計画が実行できていないようなら、どうしますか（いちばんよいこたえをえらぶか、Dにこたえを自分でかきなさい）。

　A　やりなおすために、カウンセラーに相談し、もういちど計画をつくる
　B　支援者のだれかといっしょに、計画をみなおす
　C　がんばってスクラップブックにかきくわえる
　D　_____

5．自分のスクラップブックを役だてるただひとつの方法は、それをつかうことだ。

　　　正しい　　　まちがい

6．あなたは勉強してきたことを実行します。そのときに、実行することを思いだすには、まわりの人のどんなことばや行動が役だちますか。

_____

_____

7．この本で勉強してきたことのなかで、いちばん大切なことはなんですか。

_____

_____

263

STEP15

「わたしは、毎日、健康でよい段階を実行します」

 このステップで、スクラップブックにくわえること。
☐ 勉強してきたことを、全部ひとつにしました。
  それをいっしょにみて、実行します。

 フラッシュカードで思いだそう。
「毎日、健康でよい段階を実行する」

よくできました。
これで、最後のステップへの準備ができました！

ステップ 16

ステップを実行して生きる

　これまでのステップを全部ひとつにまとめます。このステップでは、いままで勉強してきたことを実行して、生活するステップです。もっとしっかり理解するために、いつでも、まえにもどって、くりかえし勉強できることを、わすれないでください。ステップ１で、自分への手紙をかきました。このステップでは、あなたの成長をあらわす、あたらしい自分への手紙をかきます。あたらしい自分への手紙をかくまえに、ステップ１にもどって、まえの手紙をよみましょう。

 宿題16A

　もういちど、自分への手紙をあたらしくかきましょう。そのために、つぎのページの質問にこたえましょう。

　この宿題のコピーをとって、あなたの支援者といっしょに点検し、スクラップブックにくわえましょう。

STEP16

ひづけ＿＿＿＿＿＿＿＿＿＿

なまえ＿＿＿＿＿＿＿＿＿＿

1．あなたは、どんな人ですか（なんさいですか。どこにすんでいますか）。

___
___
___
___

2．いま、自分のことをどう思っているかをかきなさい。自分のすきな よいところを、5つかきなさい。

___
___
___
___
___
___
___
___
___
___

3.「フットプリント」で勉強してきた内容を、どんなふうに思っていますか。

_____
_____
_____
_____
_____
_____

4. また、わるいタッチをしてしまいそうになるのは、どんなことを考えたときですか。

_____
_____
_____
_____
_____

5. いま、とりくんでいるのはどんなことですか。

_____
_____
_____
_____
_____
_____

STEP16

6．あなたが正しいほうへむかっていくための、よい活動やよい関心にはどんなものがありますか。

_____
_____
_____
_____

7．いまから6カ月後のゴールはなんですか。

_____
_____
_____

いまから1年後のゴールはなんですか。

_____
_____
_____

いまから5年後のゴールはなんですか。

_____
_____
_____

ステップを実行して生きる

8. ゴールにたどりつく方法はどんなものですか。

9. フットプリントで勉強したことのうち、いちばん大切なことはなんですか。

敬具

(自分のなまえ)＿＿＿＿＿＿＿＿＿＿＿＿＿

宿題 16B

つぎのページの質問にこたえをかきなさい。あなたがこれまで勉強してきたこと全部を、自分にも支援者にもみせるためです。あなたが安全な段階をすすみ、問題をおこさないための約束です。

「あたらしい私」でいるためのよい生活

なまえ_____ ひづけ_____

勉強をはじめた日_____

いまの年齢_____

1. 子どもがちかくにいるとき、これからの計画はどのようなものですか。

_____
_____
_____

2. 中毒になるかもしれない薬や酒を、これからどのようにあつかいますか。

_____
_____
_____

ステップを実行して生きる

3．将来、自分の歴史を話さなければならないとしたら、だれにうちあけますか。

4．これから、まわりの人とはどんなつきあいかたをしていくつもりですか。

5．仕事は、どうするつもりですか。

6．安心して生活するための計画はどんな内容ですか。

STEP16

7. あなたの人生で、よい健康的な活動には、なにがありますか。

_____

_____

_____

_____

_____

_____

_____

_____

_____

この宿題ができたら、コピーをとって、あなたの支援者にわたしなさい。スクラップブックにもくわえなさい。

ステップを実行して生きる

 宿題16 C

つぎは、ルールをチェックします。「フットプリント」の勉強がすすんでいくと、自分のルールは、かわるかもしれません。だれにでも、まもらなければいけないルールがあります。あなたがこれからまもっていくルールはなんですか。

 あなたのルールを、支援者といっしょにたしかめなさい。そして、スクラップブックにくわえなさい。

わたしのルール

1. _____

2. _____

3. _____

4. _____

5. _____

 **宿題 16D**

　わたしの支援者。支援者は、あなたがルールをまもって行動するのを、手だすけします。そうすれば、あなたは、ほしいものを正しい方法で手にいれることができるでしょう。どのステップを実行するにしても、支援者は重要な人たちです。この人たちは、あなたの人生で、これからも大切です。

　あなたの支援者のなまえをかきなさい。

_____
_____
_____
_____
_____
_____

　あなたがもっと進歩すれば、支援者はかわっていくかもしれません。しかし、あなたのとりくみと、その手だすけをこれからも支援者にしてもらう必要があります。ステップを実行して、支援者の手だすけを活用しながら、すすんでいくことが、あなたの仕事です。ゴールにむかって、がんばりなさい。あなたがんばってすすめるように、カウンセラーはあなたの進歩にあわせて、いろいろな方法でたすけてくれるでしょう。

ステップを実行して生きる

宿題16 E

したの表に、「あたらしい私」がであうよいことを、かきなさい。

あたらしい私
このしたに、あなたが正しい段階をすすむと、手にいれることができるよいことを、全部かきましょう。絵やことば、写真をはりつけましょう。
「あたらしい私」がであうよいこと

ステップ16：ステップを実行して生きる

テスト

ひづけ：＿＿＿＿＿＿＿＿＿＿

1．だれにも、まもるべきルールがある。

　　　　　正しい　　　　まちがい

2．わたしが自分のルールをまもっているかどうか、ほかの人が判断することがある。

　　　　　正しい　　　　まちがい

3．あなたがいつもまもっているルールのうち、ふたつをかきなさい。

_____

_____

4．自分も人もきずつけないでいるために、あなたがもっとも気をつけないといけないことは、なんですか。

　　A　怒りをコントロールすること
　　B　子どもをみて性的興奮をしないこと
　　C　ぬすみをしないこと
　　D　境界線を大切にすること
　　E　そのほか＿＿＿＿＿＿＿＿＿＿＿＿＿＿＿＿＿

ステップを実行して生きる

5．「フットプリント」がおわるので、わたしがとりくむゴールはもうない。

　　　　　　　正しい　　　　まちがい

6．わたしは、自分のルールをわかっているし、まもることができる。

　　　　　　　正しい　　　　まちがい

7．わたしは怒りをコントロールできるし、ほかの人を大切にすることができる。

　　　　　　　正しい　　　　まちがい

8．これからも、わたしは必要なことを勉強し、自分のゴールをきめるつもりだ。

　　　　　　　正しい　　　　まちがい

9．「フットプリント」の勉強で、いちばんむずかしかったのはなんでしたか？

_____

_____

10．わたしは、たとえ失敗してもあきらめない。

　　　　　　　正しい　　　　まちがい

「わたしは健康でよい人生への段階をすすむために、勉強をつづけます」

このステップでスクラップブックにくわえること。
- ☐ 自分へのあたらしい手紙
- ☐ 「あたらしい私」にふさわしい健康な生活の約束
- ☐ 自分のルール

最後のフラッシュカード。

　よくがんばりましたね。「フットプリント」のステップをすべて、おわることができました。たくさんの宿題をやりました。じまんできることです。あなたは、「フットプリント」をいっしょうけんめい、勉強してきました。だから、カウンセラーにもっとほかのことをききたくなるかもしれません。「フットプリント」で勉強した段階をわすれてしまったら、あなたの支援者が正しいほうへもどしてくれるでしょう。もういちど、勉強してきたことを復習し、実行できるようにたすけてくれます。それが支援者の役わりです。「フットプリント」を全部やりとげました。胸をはっていいましょう。

ステップを実行して生きる

おめでとう

　「フットプリント」の最後にたどりつきました。しかし、あなたには、めざさなければならないゴールがあります。これまで、「フットプリント」をやりおえた人たちもそうでした。できあがった「安心して生活するためのわたしの計画」を支援者といっしょに、みておくとよいでしょう。

　わたしたちは、いつも成長し、勉強しています。あなたがもっと勉強していくために大切なことが、3つあります。「あたらしいゴールをきめること」、「あたらしい成長への道をみつけること」、「健康でよい段階をすすみつづけること」です。

フットプリントに でてきたことば

「あたらしい私」が であうよいこと	正しいほうへすすんだときに、手にいれたことやそのときの気もち。
いちばん危険な場面	問題をおこすきっかけとなる人、場所、考えかたのこと。危険ゾーンとおなじ。
「いままでの私」に おこるわるいこと	まちがったことや、わるいことをしたときにおこる問題。
衛生	自分の体を清潔にしておくこと。
思いやり / 気くばり	人がどうかんじるかを考えること、人をきずつけない。
考えかたエラー	問題をおこすきっかけとなるような、わるい考えかたやまちがった考え。
危険ゾーン	問題をおこすきっかけとなる人、場所、考えかたのこと。いちばん危険な場面とおなじ。
きっかけ	自分をゆさぶるはげしい気もちをひきおこすもの。
共感	ほかの人の気もちについて考えること。

フットプリントにでてきたことば

健康でない よくない 性的な空想	わるいタッチや問題になるタッチのことを考えること。
健康でよい性的な空想	よいタッチのことを考えること。よいタッチとは、問題をおこさないタッチで、相手をきずつけないタッチのこと。
攻撃的（かっかとしている）	相手をきずつけ、こまらせるように自分の気もちをあらわすこと。かっかとしている。
コミュニケーション	自分の気もちを話すこと。
支援者	あなたの生活のなかで手だすけしてくれる人たち。
自分の意見をはっきりいう（冷静）	自分の思ったことを話し、のぞんでいることをたのみます。そのとき人をきずつけない——冷静です。
消極的（よそよそしい）	話をしない、しずかでなにもしない、ということ。おとなしい人は反応しません。自分の気もちをいわない。よそよそしい。
正直	ほんとうのことを話すこと。
ストップ	このことばと絵は、フットプリントのなかでいちばん大切なところについている。
誠実	むずかしい問題がおこったときも、正しいことをすること。
責任	自分がしなくてはいけないことを、最後まできちんとおこなうこと。わるいことをしたら、それをみとめること。
セルフトーク（自分のことば）	あなたが安心して生活するために、自分自身にいうことば。

率直(そっちょく)	よい方法で自分の気もちを話すこと。
大切(たいせつ)にする	相手のことを考えて、ルールをまもり、境界線を大切にすることです。それが相手を大切にするということ。
正(ただ)しい考えかた	どんなわるいことがおこるかを考えて、ほんとうのことをいうこと。
正(ただ)しい道(みち)	自分が安全であるようにする。相手をきずつけたり、こまらせたりしない方法。
同意(どうい)	なにかをすることに賛成したとき、それがどんなことなのかが、よくわかっていること。賛成した人は、あなたとおなじくらいの年齢であること。
努力(どりょく)	むずかしいことにも、ベストをつくすこと。
パブリック	みんなのもの、みんなのこと。
被害者(ひがいしゃ)	きずつけられた人、いやな思いをさせられた人。
プライベート	（あなたにとっても、だれにとっても）自分のこと。
マスターベーション	自分のプライベートゾーンを自分でタッチして気もちよくなること。
まちがった道	自分や相手をきずつけ、問題になること。
勇気(ゆうき)	むずかしい問題のときでも、まけないで、冷静でいること。

フットプリントの実施と支援のために
——監訳者あとがきにかえて

　本書は、『性問題行動のある知的障害者のための16ステップ「フットプリント」心理教育ワークブック』の改訂版である Hansen, K. & Kahn, T.J. (2012). *Footprints: Step to a Healthy Life. Second Edition.* Safer Society Foundation, Inc の翻訳である。旧版は、障害者支援に携わる方を始めとして、教育、司法、児童福祉などさまざまな領域の方々からの関心を得た。

　旧版の刊行以降、『EARL-20B・EARL-21G反社会的行動のある子どものリスク・アセスメント・リスト』(2012)、「性暴力被害とわたしの被害者の理解」(2013)、「性問題行動のある知的・発達障害者への心理学的支援」(2015) などとして学会、論文、出版をとおしてＡＳＢ研究会（Study Group of AntiSocial Behaviors）とともに研究および支援を重ねてきた。こうしたなか改訂版が発表され、再び翻訳、検討、試行実践を行い上梓した。本書（以下、フットプリントと呼ぶ）は、旧版と比べ新たに取り入れられた考え方や手法が多く、それにあわせて枠組みや説明も変更されている。ここでは、新たな概念や実施時の留意点について、われわれのこれまでの研究、実践をもとに考察する[*1]。

（1）フットプリントの構成

　フットプリントは、16のステップから構成された性問題行動を示す知的・発達障害児者を対象とした認知－行動モデルによる心理教育・心理治療プログラムである。ステップの概要を以下にまとめる。

- 性問題行動をせず健康な人生を送るため、自己の問題を明らかにし、自己の具体的なゴール、ルールを設定する（ステップ１、２）。
- 性問題行動をひとつずつ明確化し自己の行動であることを認める（ステップ４）。

- 同意、境界線、良いタッチ・悪いタッチの概念、考えかたエラー（認知の歪み）など性行動についての基本的な考え方やルールを学ぶ（ステップ3、5、7）。
- 考えかたエラーや性問題行動のサイクルを特定し、きっかけや危険ゾーンなど自己のハイリスク状況を知り、その対処スキルを学習する（ステップ6、8、9、10、12）。
- 自己の感情への気づきとコントロール、コミュニケーション・スキル、リラクゼーションなどのスキルを学ぶ（ステップ11）。
- 自己の性被害体験を検討し、さらに自己の被害者に対して性問題行動の責任を理解し、再発を防止し、だれにとっても健康で安心して生活するためのプランを作成する（ステップ13、15）。
- フットプリントで学んだ知識やスキルをまとめ、プログラム実施者、家族も含む地域の支援者とともに実践する（ステップ16）。

フットプリントは、ステップ2にもあるようにプログラム実施者との個別指導、またはグループで実施され、家族や教師、支援者などによる協力を得ながら日常生活場面で適用し補強される。

（2）いままでの私／あたらしい私（Old me/New me）モデル

改訂版の最も重要な変更点は、新たに取り入れられた「いままでの私／あたらしい私」モデルである[*2]。「いままでの私」とはプログラムを受ける対象者（以下、対象者と呼ぶ）を問題行動のハイリスク状況に引きずり込もうとする悪い思考や行動、あるいは改善のない停滞であり、問題行動の再発をもたらす。一方、「あたらしい私」は問題行動をせず健康で安心した生活へと導く良い思考や行動である。認知－行動的アプローチでいえば、「いままでの私／あたらしい私」モデルは認知であり思考であって、知的・発達障害児者の認知レベルにあわせた認知再構成である。支援や指導を受ける前の問題行動を起こした過去の自己を捨て去り、また支援や指導をもとに反省し再び問題行動を起こさないと誓った人になることを意味しているのではない。

「いままでの私」である問題行動につながる認知、フットプリントでいう考えかたエラーや問題行動に修正を迫り、正しく健康的な思考と行動である「あたらしい私」に

転換することが求められる。「いままでの私」と「あたらしい私」は、対象者の頭の中で綱引きをしているかのように拮抗しているが、「あたらしい私」は常に勝利しなければならない。「いままでの私／あたらしい私」を端的に表すものとしてステップ15「復習してまとめよう」の宿題15Aの後に以下のような説明がある。

> ステップ4にもどって、わるいタッチのまえにおこった4つの段階を思いだしてみましょう。
>   1．わるい考えがうかぶ。
>   2．まちがった考えかたをする。
>   3．わるい計画をたてる。
>   4．ほかの人のことを考えない。
> では、この4つをかえるとどうなるかをかいてみましょう。
>   1．あなたはよいことをしたい。
>   2．正しい考えかたをする。
>   3．よい選択をするための計画をたてる。
>   4．相手のことを考える。
> いまのあなたが、「あたらしい私」です。

「いまのあなたが、『あたらしい私』です」とは、「いまのあなたは、『あたらしい私』の思考と行動を身につけた"あなた"」なのである。

さらに、詳細は類書にゆずるが、このモデルは自己のハイリスク状況を特定し対処／回避する自己コントロールの枠組み（リラプス・プリベンション・モデル）を生かしながら、対象者のウエルビーイングの深まりやストレングスの強化に目標をおくグッド・ライブズ・モデルの特色を持つ。

（3）セクシャリティとしてとらえなおす

性行動は性衝動だけによるわけではない。性行動には、好奇心や探求心を深める、感情や気分を変えたい、他者との親密さや愛情など求める、自己イメージを取り戻

す、怒りを示す、などさまざまな動機や目的が込められる。性問題行動への支援や指導を考えるうえでは、性や性行動を性衝動や性的欲求だけでとらえるのではなく、人間全体に関わるセクシャリティの観点を持つことが理解を助けるのではないか。

世界保健機構（WHO）のレポート「性的健康の明確化：性的健康に関する技術援助レポート　2002年（仮訳）」[*3]では、セクシャリティを「生涯を通じて人間の中心層をなす」ものとする。性は、「性、ジェンダー・アイデンティティとジェンダー役割、性指向、エロティシズム、快楽、親密さ、生殖、を含む」広い概念で、「思考、夢想、欲求、信念、態度、価値観、行動、慣習、役割、人間関係において経験され、表現される」、つまり人間の諸活動で示されるものである。したがって、「生物学的、心理学的、社会的、経済的、政治的、文化的、倫理的、法的、歴史的、宗教、スピリチュアルな要素の相互作用から影響を受ける」。

セクシャリティという言葉で再検討すれば、いわゆる性は広く人間の諸活動とつながったものとしてとらえることが理解されるだろう。性は多様性そのものであり、多様性そのものが肯定されている。性問題行動に対するアセスメントや支援、指導においても、これらを視野に入れたアプローチが必要である。

（4）性に関連して

性に関しては、問題行動のある対象者へのアセスメントをはじめとしてアプローチしていくが、一方でフットプリントの実施者の持つ性／セクシャリティに対する考え方の点検も欠かすことができない。

例えば、面接が犯罪行為や問題行動に焦点化されると、プログラム実施者自身の反社会的な行動に対する否定的な感情や、クライエントの思考の誤りを正さなければならないという正義感、教育的視点が強くなることがある。それらを全面に出した態度であれば、対象者の人間性までも否定してしまう態度ともなり、支援や指導が進まなくなる。プログラム実施者はあくまで対象者との協働作業者として機能すべきで、対象者が不安を感じることなく疑問点や意見が表明できるよう、対象者の尊厳を大切にする姿勢が求められる。プログラム実施者が自分自身の価値観をもとにした関わりを修正すれば、対象者を受容的に受け止めることができるであろう。

また、「共感」を示して聴くのは、クライエントが過去の問題行動をどのようにして行ったのか、その時何を考え、どう感じていたのかということであり、もし、犯罪行為が現在起こりそうである、あるいは進行中であることがわかった場合には、対象者の安全を守り、被害者を出さないという観点から支援や指導はいったん中断し、必要な対応を図るべきである。

　一方、対象者について留意すべきなのは、語彙と言葉の使用についてである。身体各部や性行動などについては、必ずしも一般的に使われている言葉を使っていない場合があること、さらに一般的な意味と異なる、間違ったあるいは独特の表現や、家族や仲間だけに使用される共通した表現があることである。たとえ対象者が流暢に会話を進めても、性に関する知識を正しく持っているはずだという思い込みは避けたい。

（5）説明文

　フットプリントは、ステップごとに説明文と宿題・テストによって構成されている。

　説明文は、対象者が読み進め内容を理解していく。音読、黙読のどちらでもよく、対象者が取り組みやすい方法を選択する。対象者が理解できない言葉や表現がないかを必ず確認し、あればプログラム実施者は詳しい説明を加える。わからなくても尋ねようとしない対象者もおり、対象者が質問しやすい雰囲気、プログラム実施者の説明や修正を受け容れやすい関係の構築が重要である。

　各ステップの最終ページに「セルフトーク」がある。これは自己教示であり、対象者の意識を高めるために必ず音読をさせ、記憶させる。

（6）宿題

　各ステップには、対象者がステップで取り上げられた課題に取り組み、理解を深めていくために、「宿題」が設けられている。宿題は、正答を書くことだけが目的ではない。正答であったとしても、記入された内容とアセスメントの結果から想定される対象者の諸特性や能力との間にバランスがとれているか、当該の性問題行動とのつながりは

どうか、日常生活場面での行動と照らしあわせてどうか、などの確認が重要である。

　宿題は、対象者とプログラム実施者が協働で行う作業であり、宿題の回答内容の点検を経て、「あたらしい私」に向かうスキルが形成される。宿題を通じて現在、あるいは過去の行動を点検し、「あたらしい私」につなげる作業は重要である。したがって、持ち帰って一人で回答させるよりは、プログラム実施者と協働して取り組むほうが効果的だろう。

　宿題で要求される回答数に満たない場合や、正答が答えられない、障害の特性等により今のレベルでは理解が難しい場合には、具体的に想定できる場面などをヒントに、目前にあって手を伸ばせば届きそうな理解内容を提示することも考えられよう。それでも無理ならば正答の一部を教示することもあるだろう。

　回答時に消しゴムは使用しない。字の誤りや汚さがあれば二重線等で消す。文章構成に誤りがある、誤字や脱字がある、漢字使用が少ない等の場合の修正や加筆も重要な協働作業のひとつである。

　各ステップの最後の宿題は、対象者自身が自分の思考や行動を「いままでの私」と「あたらしい私」の対比で考えるよう促している。「あたらしい私」の回答欄ではその成果やメリットを書くが、始めのいくつかのステップでは、例えば「逮捕されない」「叱られない」など比較的抽象的でポジティブさが感じられないものが多い。しかし、プログラムが進むにつれて具体的で現実的なものに変化していくはずで、その経過に着目したい。

（7）主なステップのねらいと実施のポイント

　以下に主なステップや宿題について述べるが、先述したようにわれわれのこれまでの研究や実践などに基づいて整理したものであって、宿題の回答、向かうべき方向性やガイドラインを示したものではない。

──ステップ1「自分のことをしろう」

　プログラムの導入として、各ステップの説明文の理解、宿題への回答、という作業を経験し、フットプリント特有の一連の流れを少しずつ感じとる。こうした内容に戸

惑いを感じる対象者もいるが、プログラム実施者からの一方的な指示や教示に終わることなく、意見交換や促しなどによって協働作業の体制をつくり出すチャンスである。この作業の過程で対象者のアセスメントを補足する情報が得られることも多い。

- 宿題1A　自分自身について書くという経験の少ない対象者は困難を感じるかもしれない。支援者、プライベートなことを話してよい人、尊敬できる人、親友、については対象者を取り巻く親密で重要な人間関係の中から選択されることが多く、対象者にとって強力な支援者となる。基本的には誘導はせず、対象者の判断にまかせるが、対象者を適切に支援することができる人物かどうかを吟味し、場合によっては修正する必要がある。
- 宿題1B　再犯をしないルールを盛り込むことは必須である。
- 宿題1D　自分への手紙を書く。ひとつひとつの回答について、過不足がないか、事実の歪曲はないか、現実から遊離していないか等を点検し、必要に応じてプログラム実施者も関与しながらいっしょに考える姿勢で対応する。特に、設問2では自分の長所5つをあげるのが難しいとの訴えもあるが、対象者のストレングスの確認につながるものだ、との意を込めて必ず5つ書くよう促す。

──ステップ3「正しいタッチ」、ステップ5「境界線」

「境界線」「同意」などフットプリントの主要な概念が示され、セクシャリティの心理教育の領域である。

──ステップ4「わたしの歴史」

自分自身の性問題行動を全て明らかにするのは対象者の責務である。本当のことを話し、健康的でよい選択をし、「あたらしい私」になるためには不可欠のことであり、自己の性行動をコントロールすることにつながる。フットプリントの特徴のひとつは、自己の性問題行動から学ぶところにある。ステップ8「きっかけ」以降の学習の素材のひとつがここにあり、誤魔化しや誤りがあってはならない。

- 宿題4B　性情報や性知識を得た経緯や内容、性被害体験について記入する。対象者のセクシャリティの起源を探るうえで重要である。被害体験がある場合には、対象者の状態に細心の注意を払う。対象者の理解の程度、トラウマ症状

の重篤度等により対応方法は分かれる。

- 宿題4F、4G、4H　保管や管理の状況を考慮しイニシャルでもよい。法に抵触したものに限定せずもれなく記入する。既知がどうかも確認しておく。年齢が不明な場合は推測した学年でもよい。推測の根拠もあわせて聞いておく。対象者の社会的手がかりに対する気づきなどを類推する手がかりとなることがある。
- 宿題4I　ペニス、ワギナなどの身体各部の言葉の理解の正確さを確認し、また独自の表現をする場合や知らない場合は教示する。対象者の実際の行動、時間の経過、被害者の様子など具体的な性問題行動の詳細を確認しておくと後のステップでの学習に役だつ。質問は詰問ではなく、非難に終わらないよう注意する。

——ステップ6「性的な気もちと人間関係」

　対象者自身が自分の性的感情や性的衝動に気づき、逸脱した空想をたどることで性的興奮のコントロール方法を身につけ、自身の性的空想・感情・衝動の扱い方を学習することに主眼がある。なお、性的な空想をするのはマスターベーションをしている時だけとは限らない。外出先、遊んでいる時など、マスターベーションの時と同じように性的な空想をしていないかを対象者に確認する必要がある。

　なお、マスターベーションの扱いは非常に重要である。ステップ2にも取り上げられているが、対象者自身に対する安全性や危険性の有無、ルールの遵守、他者への加害性等に注意する。性問題行動を想起してのマスターベーションは、その性問題行動を強化することになるので制止する。また子ども（幼少児）を対象に思い浮かべてのマスターベーションも即時に禁止する。いかなる段階であっても加害性や違法性は制止する。

- 宿題6A　性的な気持ちを表現する言葉について確認する。自己コントロールに不可欠な感情のモニタリングにつながり大変重要である。たとえ時間がかかってもできるだけ3つ書く。
- 宿題6B　対象者が自己の性的感情を話してよいと考えた支援者をあげる。その支援者の存在が、性的衝動への気づき、そのコントロールの重要性への気づ

- 宿題6D　性的衝動やまちがったタッチにつながる気持ちのコントロール方法である。できるだけ現実的な方法を必ず3つあげる。直前の宿題6B、宿題6Cが大きな意味を持つ。
- 宿題6G　「みえない感覚に気づくシート」は、実際の性問題行動をもとに4枚作成する。このシートでもよくない性的な空想や考えを特定する。先行刺激となる状況は何か、その時何を考えたか、どんな感情を抱いたか、何をしようとしたか、対象者が性問題行動を起こした時をできるだけ詳細に振り返りながら記入していく。
- 宿題6H　プライベートなことを話せる相手（性的な感情をよい方法でつたえることができる相手）を書く。宿題6Aやステップ1の宿題1Aの内容と重なる。対象者に影響を与える重要な人物となる可能性がある。

――ステップ7「正しい考えかた」

　加害行為のサイクルを進め間違った行動につながる「考えかたエラー」、いわゆる認知の歪みがテーマである。

- 宿題7C　「考えかたエラーカード」を作成し、対象者自身の認知の歪みについて気づき、その理解と定着を促進するユニークな課題である。

――ステップ8「きっかけ」、ステップ9「危険ゾーン」、ステップ10「選択」、ステップ12「行動のサイクル」

　再犯予防を目的としたリラプス・プリベンション・モデルによるフットプリントの中核である自己コントロールのためのスキルの学習である。これらのステップは連続しており、前後させず順番に実施することが望まれる。ステップ8以降の学習を進めるには、加害行動時の状況やその時の感情状態を明らかにしておくことが必要で、もし否認、隠ぺい、誤魔化し、矮小化などがあれば必ず解消しておく。

　加害行動を止めることが優先されるならば、導入としてのステップ1、2、4の後にステップ8、9、10、12の順に実施することも考えられる。

- 宿題 8A　問題行動に対する直接的誘因を特定し、自己の行動の分析を開始

する。きっかけは、単にストレスのような漠然としたものではなく、具体的であって、いくつか挙げられることもある。対象者自身の感情や考え、周囲の環境などの可能性があるためさまざまな観点から検討する。

- 宿題9A　問題行動を誘引するハイリスク状況を特定する。9B視覚化、9C回避スキルへと続く。
- 宿題10C　行動を制止し修正する「ソーダS.O.D.A.」のスキルである。コピーし日常携行するのも効果的である。
- 宿題12B　これまでの学習内容を活用し、きっかけ、危険ゾーン、行動、思考などがつながる「犯罪サイクル」を理解する。宿題12Eの問題に至らない自分の「よい行動サイクル」につなげる。

──ステップ11「気もち」

先行刺激に対しておこる感情（危険ゾーン）は問題行動という結果に大きな役割を果たしている。自己の感情への気づきと適切な表現は問題行動の回避や抑制に有効である。

──ステップ13「被害者と共感」

対象者の中には、自己の問題行動による被害の内容、被害者の心理的・社会的・身体的傷つき、被害者家族への影響などについて知らない、あるいは情報提供されていないことがある。また、知ってはいても不十分な理解にとどまっていることもある。一方、被害体験のある対象者もあり、被害体験が適切に処理されず対人関係などに影響をおよぼしていることがある。被害と加害は隣りあわせである。

- 宿題13B　自分を加害した人へ手紙を書く。この段階で初めて自分の性被害体験や被虐待体験が語られることもある。被害の時期、影響や深刻さなどはさまざまで、その扱いには配慮や注意が必要である。
- 宿題13C　自分の被害者へ手紙を書く。例や導入を参考にすると取り組みやすい。

──ステップ14「安心して生活するためのわたしの計画」、ステップ15「復習してまとめよう」、ステップ16「ステップを実行して生きる」

これまで取り組んできた内容をもとに、問題行動をしないで健康で安全に生活するための計画をつくり、最後にその計画を実行して生きることをプログラム実施者、支援者、対象者が再確認する。

（8）テスト

各ステップの終わりにはテストがある。改訂版に新たに加えられた。学習内容を正しく理解したか、断片的にならず全体として理解したか、重要ポイントは記憶しているか等をチェックし強化することが目的である。回答に誤りや迷いがあれば、そのプロセスを対象者とともに点検し修正する。

なお、ステップ3のテストの設問4は、同意のルールを遵守したうえでのパートナーの年齢に関するものである。対象者が性問題行動により指導中である点を考慮し18歳以上を正答としたい。未成年者の性暴力被害の重篤さ、児童福祉法の観点をその理由とする。同様の観点から、設問5についても14歳では「まちがい」とする。設問8も同様で、「同じ年」とあるが、年齢の確認が必要である。年齢に関しては、高校生同士の恋愛はだめなのか、女性は16歳以上で結婚できるのにおかしい、などの反論はあるかもしれないが、性問題行動に対する指導中であること、児童福祉法や都道府県条例の定めも理由となるだろう。

（9）フラッシュカード

前述のテスト同様、学習内容を確認、強化することを目的として改訂版に新たに追加された。巻末に両面に印刷されている48枚のカードである。「あたらしい私」に進むため、各ステップの重要ポイントを想起あるいは確認するため日常的に使用するもので、説明文の中で、マークを示して活用場所が指示されている。

例えば、ステップ7「正しい考えかた」には8つの価値観が示されており、それに応じてフラッシュカードの使用が指示されている。

そのままでも、あるいは対象者が自分の言葉で書き直す、イラストなどを加える、

プログラム実施者とともにメモを書き加えるなどカスタマイズしてもよい。またカードには白紙や一部空欄のものもあり、対象者にあわせて指示などを追加し、また新たに作ることもできる。

　対象者がいつでも携行し必要に応じて取り出せるような工夫をしておくとよい。切り取って、リングにまとめる、財布や手帳に挟む等、対象者が生活の中で管理しやすく、携行しやすい方法をいっしょに考えておくとよい。

　「web版フットプリント2nd 臨床家ガイド」による留意点を以下にあげる[*4]。

- 臨床家は、カードの必要性があって紛失しないようなら、クライエントにワークブックをもって帰らせるまえに、カードが使用できるよう本書から切り離してもよい。
- 対象者は、学習した諸概念やスキルを表したものとしてフットプリント・スクラップブックにカードを入れる。
- 対象者は、カードの一部または全部を携行し、行動を適切にコントロールするために概念やスキルを思い出す。
- 対象者は、守るべきルールを思い出すためにカードを輪に通したり、首のまわりにぶら下げてもよい。

　フラッシュカードに限らないが、フットプリント、スクラップブックにはプライベートな内容が記載されているため、日常生活場面でどのように管理し使用するかをあらかじめ対象者と決めておくとよい。また、だれかにフラッシュカードを見られた時にはどう対処するかも同様であろう。

(10) 実践に向けての考え方

　フットプリントによる支援や指導は、①性加害・再犯の防止を目的とした心理教育・心理治療、②性知識、性行動、対人関係等、セクシャリティに関連した知識、ルール、スキルの心理教育、③対象者のストレングスを軸とし、心理教育・心理治療により対象者が習得したスキルや知識の実践への支援を含む地域生活の支援の3領域が重要である。これら3領域を地域社会において実践しようとするならば、生活場面などの支援者や家族を含む地域の支援者の理解、協力、連携は重要で欠かすことはできない。

(11) 最後に

　性問題行動のある知的障害者への支援としているが、われわれの実践では未成年者も含んでおり、また障害の特性や程度もさまざまで、知的障害者に限定しているわけではない。こうした幅広い対象者を想定し、できるだけ分かりやすく平易な表現となるよう心がけた。漢字についても注意して使用した。漢字にはルビ（読み仮名）をふればよいと思われることが多いが、多くの漢字混じり文ではルビも加わって紙面が黒々してしまい、読む気をそいでしまうことがある。使用する漢字を減らせばルビも少なくなるが、漢字が担う読みやすさや分かりやすさも減ってしまう。本書では使用する漢字を減らしたうえで、分かち書きも一部併用し、ページを単位としてそのページに初出の漢字だけにルビをふることとした。

　試行錯誤と知識の吸収の連続であった当初に比べ、性問題行動における実践を重ねるに従い、プログラムの深化や改良だけではない課題の輪郭がはっきりしてきた。
　課題のひとつはアセスメントである。対象者のアセスメントは、発達レベル、情緒・社会性、身体状況、これまでの生活歴、家族関係を含めた生活環境などに加え、限定的な性ではなく人間にとって全体的な意義や位置づけを持つセクシャリティの観点から包括的に整理することが必要である。既存のアセスメント手法との関連でいえば、障害福祉分野でいう個別支援計画に盛り込むべき点に加えて、臨床心理学的分野でのアセスメント、さらに広く問題行動を始めとして性に関連した点を加えた包括的なものである。プログラムの開始前、あるいは実施と並行してかなりのアセスメントは進むが、系統立てて包括的に実行するには手法など検討すべき課題も多い。
　もうひとつの課題は、(10)で示した③の広い意味での地域生活の支援であり、いいかえればフォローアップである。障害福祉分野でいえば相談支援事業者や市町村など支援機関によるネットワークによるだろう。共通理解のうえにたったネットワーク化に時間と労力を必要とする場合や情報管理やその受け渡しが課題となることもある。事例による個別性が強いが、地域社会への再統合をめざすには重要な課題である。
　さらに、対象者の動機づけの問題や家族への対応、被害者に対する理解をどう進めるかなど、さまざまな場面で実践する専門職の方から意見や質問を受けた。本書が実

践の支援となることを願い、われわれも本書を活用した支援や指導の取り組みを発展させていく。

　最後に、本書の試行と実践の過程で生じたいくつかの疑問等に対して丁寧に回答下さった著者の一人であるクリシャン氏と、出版を後押ししていただいた明石書店の関係者の皆様に心からの謝意を伝えたい。

＊1　隈部一彦・伊庭千惠・細田陽子・姥敦子・竹腰知子・福嶋裕美・本多隆司（2015）「性問題行動のある知的・発達障害者への心理学的支援の考察」日本心理臨床学会第34回秋季大会発表。

＊2　Haaven, J. (2006), The Evolution of the Old Me/New Me Model. In G. D. Blasingame (Ed.), *Practical treatment strategies for persons with intellectual disabilities : Working with forensic clients with severe and sexual behavior problems*. Wood 'N' Barnes Publishing, pp.71-84.

＊3　WHO (2006), Defining sexual health. Report of a technical consultation on sexual health. 28-31 January 2002, Geneva. <http://www.who.int/reproductivehealth/publications/sexual_health/defining_sexual_health.pdf>

＊4　Hansen, K. & Kahn, T.J. (2014),　*Footprints, 2nd Edition*. Clinician's Guide. Safer Society Press. <http://www.safersociety.org/press/safer-society-press/new-titles-from-safer-society-press/footprints-second-edition/>

これからは、わたしは自分の歴史を正直に話します。 4	 わたしは自分のルールがわかっています。 がんばってルールをまもっています。 1
 わたしは、境界線を大切にします。 5	 わたしは、カウンセリングをうけます。 そうすれば、ほしいものがよい方法で手にはいります。 2
 ストップ。わたしが「いままでの私」のような考えをしはじめたら、わたしはストップします。 6	 わたしは、これからは正しいタッチだけをします。 3

自分にとって大切な
ことはわかっています。
本気で「あたらしい私」に
なろうとしています。

わたしは、いま、
よい選択をするために、
まえの選択を話そうと思います。

わたしはゴールに
むかってがんばっています。

わたしの境界線が
大切にされていないと
わかれば、そのことを
自分でいうつもりです。

わたしは、これから
自分の体をコントロール
して、正しいタッチを
するよう自分の
ルールをまもります。

わたしは3回深呼吸します。
わたしは、自分の体をよい方法で
コントロールします。
手だすけがいるときは、
だれかをよびます。

10

7

11

8

12

9

Copyright©2012・www.safersociety.org

Copyright©2012・www.safersociety.org

Copyright©2012・www.safersociety.org

Copyright©2012・www.safersociety.org

Copyright©2012・www.safersociety.org

Copyright©2012・www.safersociety.org

そっちょく 率直 16	わたしは、自分の気 もちや行動を よい方法でコントロール するつもりです。 13
たいせつ 大切にする 17	おも　き 思いやり・気くばり 14
せきにん 責任 18	しょうじき 正直 15

わたしはよい考(かんが)えかたを
します。

これからは、
よい方法(ほうほう)で自分(じぶん)の気(き)もちを
話(はな)します。

ほかの人(ひと)がどうかんじるかを
考(かんが)えて、ほかの人を
きずつけません。

これからは、
相手(あいて)のことを考(かんが)えます。
ルールをまもります。
境界線(きょうかいせん)を大切(たいせつ)にします。

ほんとうのことを話(はな)して、
境界線(きょうかいせん)を大切(たいせつ)にします。

自分(じぶん)がしなくてはならないことを、
最後(さいご)まできちんとやります。
たとえば、清潔(せいけつ)にしておくことや、
よごしたら、きれいにすることです。
わるいことをしたら、みとめます。

わたしは
自分が選択したのに、
もう人のせいにしない。

22

努力

19

これからは、
ちいさなことだ、
たいしたことではない、
と考えない。

23

勇気

20

もう言いわけをしない。

24

誠実

21

わたしはベストを つくします。	わたしは信頼(しんらい)され、 れいぎ正(ただ)しい人(ひと)になる。
むずかしい問題(もんだい)のときでも、 まけません。 すごくイライラしても、 冷静(れいせい)です。	わたしは正直(しょうじき)で、 率直(そっちょく)な人(ひと)になる。
むずかしい問題(もんだい)が おこったときも、 正(ただ)しいことをします。	わたしは、しっかり 努力(どりょく)して、責任(せきにん)をはたす。

「いつも」とか「絶対ない」ということばをつかうと、自分がかわる可能性がなくなる。

28

もう自分、自分、自分という態度はとらない。

25

わたしは、もう思いこみはしない。

29

わたしは被害者のふりをしない。

26

わたしは、もううそはつかない。

30

わたしは、「ちがう」といって否定しません。

27

わたしは、人(ひと)の気(き)もちに
よく気がつくことが
できる。

すごくイライラしても、
わたしはていねいに
考(かんが)えることにします。

わたしには勇気(ゆうき)がある。

わたしが理解(りかい)し、
大切(たいせつ)に思っていることを
しってもらうために、
これからは質問(しつもん)します。

わたしは、正直(しょうじき)で、誠実(せいじつ)だ。

わたしは、いつも
ほんとうのことを
話(はな)すつもりです。
よくしらないのに、
つくり話(ばなし)はしません。

34

これからは、「わたしはしらない」といいません。ほんとうのことをいうのがいやなときや、だらけた気ぶんのときに、しらん顔をしません。

31

35

32

わたしはこれから、
正しい考えかたをする。

36

33

わたしは正直(しょうじき)になって、
努力(どりょく)します。

わたしは冷静(れいせい)になって、
まちがった考(かんが)えかたをやめ、
わるい選択(せんたく)をするまえに、
正(ただ)しい考えかたをします。

すごくイライラしはじめたら、
冷静になります。

★

40

わたしは自分のきっかけが
わかっています。
よい選択をするための方法を
つかうつもりです。

37

怒りにわたしを
コントロールさせません。
コントロールするのは
わたしです。

41

 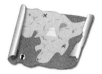

わたしは、自分の危険ゾーンが
わかっています。
それをどうやってさけたら
よいかも、しっています。

38

こうして、わたしは
怒りをコントロールします。

_____

_____

42

わたしはいつも
選択しています。
それをわかっています。

39

きっかけではなく、
わたしの脳(のう)が、体(からだ)を
コントロールしています。

わたしはよい方法で
自分の体をコントロール
できます。

まえは、危険ゾーンのために
問題(もんだい)になりました。
いまは、そこから
はなれています。

わたしは「あたらしい私(わたし)」です。
自分(じぶん)の体(からだ)を
コントロールできます。

これからは、わたしは
行動(こうどう)するまえに、その選択を
しっかり考(かんが)えます。

わたしは怒(いか)りを
コンロトロールできます。

わたしは安全に生活するために自分の計画を実行するつもりです。

46

わたしは自分のことばで気もちをつたえます。

43

わたしは、毎日、健康でよい段階を実行します。

47

よい行動のサイクルにいるために自分の選択をしっかり考えます。

44

わたしは、「フットプリント」を完成しました。

48

わたしは、人の気もちによく気がつくことができる。自分の気もちをどうあつかえばよいか、わかっています。

45

冷静でいるために、
自分のことばをつかいます。

わたしの支援者は、
安全に生活するために
自分の計画に
必要な人たちです。

わたしはよい選択をして
自分の体を
コントロールできます。

わたしは、これからも
勉強をつづけます。

わたしに親切な人が
いたらうれしい。
わたしならこうしてほしいと
思うことを、わたしは
人にやってあげる。

わたしは、本気で
「あたらしい私」になり、
よい選択をします。

【監訳者紹介】

本多　隆司（ほんだ・たかし）

1978年大阪大学大学院人間科学研究科前期課程修了後、大阪府において心理職として児童相談所（現、子ども家庭センター）、身体障害者更生相談所を経て、障害者福祉や権利擁護等を担当。2005年より種智院大学、現在教授。著書に『高齢者の権利擁護』（分担執筆、2004年）、『性問題行動のある知的障害者のための16ステップ』（監訳、2009年）、『反社会的行動のある子どものリスク・アセスメント・リスト』（監訳、2012年）、『性問題行動のある知的・発達障害児者の支援ガイド──性暴力被害とわたしの被害者を理解するワークブック』（共著、2016年）、『心理教育教材「キックスタート，トラウマを理解する」活用ガイド　問題行動のある知的・発達障害児者を支援する』（共著、2021年）等、他に性問題行動のある知的障害者等を対象に障害福祉施設、司法関連施設において心理支援活動を続け、それらをテーマとした論文、学会発表、講演や研修等。

伊庭　千惠（いば・ちえ）

2017年大阪教育大学大学院教育学研究科（健康科学専攻）修士課程修了。
1987年より大阪府心理職として、大阪府職業カウンセリングセンター、大阪府子ども家庭センター（児童相談所）、大阪府障害者自立相談支援センター（障害者更生相談所）等で児童、青年、障害者を対象に心理支援、福祉支援に28年間携わる。2016年よりライフデザイン・カウンセリングルームカウンセラー。臨床心理士。公認心理師。その他、大阪教育大学・立命館大学・桃山学院大学非常勤講師、矯正施設心理カウンセラー、性暴力被害者・自死遺族支援カウンセラー、支援学校カウンセラーなどに従事。自我状態療法国際認定セラピスト。EMDRトレーニング、TF-CBT（トラウマ焦点化認知行動療法）Introductory/Advanced Training 修了。著書に『性的虐待を受けた子ども・性問題行動を示す子どもへの支援』（分担執筆、2012年）、『性問題行動のある知的・発達障害児者の支援ガイド──性暴力被害とわたしの被害者を理解するワークブック』（共著、2016年）、『学校でできる！性の問題行動へのケア　子どものワーク＆支援者のためのツール』（共著、2019年）、『心理教育教材「キックスタート，トラウマを理解する」活用ガイド　問題行動のある知的・発達障害児者を支援する』（共著、2021年）等。他に、児童への性的虐待、性問題行動のある知的障害者をテーマとした学会発表、研修等。

【翻訳協力者（ＡＳＢ研究会）】（五十音順）

姥　敦子（うば・あつこ）	大阪府立修徳学院
隈部　一彦（くまべ・かずひこ）	堺市子ども相談所
竹腰　知子（たけこし・ともこ）	大阪府立子どもライフサポートセンター
福嶋　裕美（ふくしま・ひろみ）	滋賀県中央子ども家庭相談センター
細田　陽子（ほそだ・ようこ）	大阪府吹田子ども家庭センター

イラスト　武井陽子

【著者紹介】

クリシャン・ハンセン　Krishan Hansen

1998年ワシントン大学心理学部、同大学ソーシャルワーク修士課程を経て、ティモシー・カーン（Timothy Kahn）やその同僚とともに、性問題行動のある子どもや性犯罪を犯した青少年を対象とした個人開業のソーシャルワーカーとして活動を始める。一方で、性問題行動のある発達障害児・者（知的障害児・者）に対しても、活動を開始した。当初は、こうしたクライエントに対して、「パスウェイ」や「ロードマップ」のカリキュラムを適用しようと試みたが、性問題行動のある発達障害児・者（知的障害児・者）はそれぞれ固有のニーズを持っていることに着目し、本書の著述につながった。

ティモシー・カーン　Timothy Kahn

1980年ワシントン大学ソーシャルワーク修士課程を修了後、臨床家、トレーナー、著作者として、性問題行動のあるクライエントに対して実践に従事。性犯罪の経歴がある、あるいは性問題行動のある青少年の支援を目的としたワークブック『パスウェイ』『パスウェイ・家族へのガイド』の著者であり、近著の『ロードマップ』は、性問題行動のある児童の治療の枠組みを提供している。現在、ワシントン大学ソーシャルワーク学部臨床准教授、The Washington State Sex Offender Treatment Provider Advisory Committee（ワシントン州性犯罪治療者養成協会）代表。性犯罪カウンセラーのために多くのトレーニングセミナーを実施し、他にも治療プログラムの実施、里親機関での相談、さらに、ワシントン州ベルビューの臨床やコンサルテーションで、性犯罪のあった青少年や成人、また、さまざまな性問題行動のある児童、青少年、成人に対しアセスメントと治療を行っている。クリシャン・ハンセンの父。

性問題行動のある知的障害者のための16ステップ【第2版】
「フットプリント」心理教育ワークブック

2015年11月25日　初版第1刷発行
2023年 5 月31日　初版第3刷発行

　　　　　著　者　　クリシャン・ハンセン
　　　　　　　　　　ティモシー・カーン
　　　　　監訳者　　本　多　隆　司
　　　　　　　　　　伊　庭　千　惠
　　　　　発行者　　大　江　道　雅
　　　　　発行所　　株式会社　明石書店
　　　　　〒101-0021 東京都千代田区外神田6-9-5
　　　　　　　　　　電話 03（5818）1171
　　　　　　　　　　FAX 03（5818）1174
　　　　　　　　　　振替　00100-7-24505
　　　　　　　　　　http://www.akashi.co.jp/
　　　　　装丁　　　明石書店デザイン室
　　　　　印刷・製本　モリモト印刷株式会社

（定価はカバーに表示してあります）　　　ISBN978-4-7503-4271-9

書籍一覧

- **心理教育教材「キックスタート、トラウマを理解する」活用ガイド**
問題行動のある知的・発達障害児者を支援する
本多隆司、伊庭千惠著 ◎2000円

- **性問題行動のある知的・発達障害児者の支援ガイド**
性暴力被害とわたしの被害者を理解するワークブック
本多隆司、伊庭千惠著 ◎2200円

- **反社会的行動のある子どものリスク・アセスメント・リスト**
少年版 EARL-20B・少女版 EARL-21G
チャイルド・ディベロップメント・インスティテュート著 本多隆司監訳 ACB研究会訳 ◎3500円

- **性的虐待を受けた子ども・性的問題行動を示す子どもへの支援**
児童福祉施設における生活支援と心理・医療的ケア
八木修司、岡本正子編著 ◎2600円

- **性の問題行動をもつ子どものためのワークブック**
発達障害・知的障害のある児童・青年の理解と支援
宮口幸治、川上ちひろ著 ◎2000円

- **教室の困っている発達障害をもつ子どもの理解と認知的アプローチ**
非行少年の支援から学ぶ学校支援
宮口幸治著 ◎1800円

- **教室の「困っている子ども」を支える7つの手がかり**
この子はどこでつまずいているのか?
宮口幸治、松浦直己著 ◎1300円

- **家庭や地域における発達障害のある子の家族支援ガイド**
子どもの問題行動を改善するポジティブ行動支援PTR-F
グレン・ダンラップほか著 神山努、庭山和貴監訳 ◎2800円

- **学びの土台を作るためのワークブック**
学校では教えてくれない 困っている子どもを支える認知機能強化トレーニング
自分でできるコグトレ
宮口幸治編著 近藤礼菜著 ◎1800円

- **感情をうまくコントロールするためのワークブック**
学校では教えてくれない 困っている子どもを支える認知ソーシャルトレーニング
自分でできるコグトレ①
宮口幸治編著 宮口シナリオ制作 ◎1800円

- **うまく問題を解決するためのワークブック**
学校では教えてくれない 困っている子どもを支える認知ソーシャルトレーニング
自分でできるコグトレ③
宮口幸治編著 井阪幸恵著 ◎1800円

- **対人マナーを身につけるためのワークブック**
学校では教えてくれない 困っている子どもを支える認知ソーシャルトレーニング
自分でできるコグトレ⑤
宮口幸治編著 井阪幸恵著 ◎1800円

- **ヴィゴツキー理論でのばす障害ある子どものソーシャルスキル**
日常生活と遊びがつくる「発達の社会的な場」
アーラ・ザクレーピナ著 広瀬信雄訳 ◎2400円

- **エピソードで学ぶ 子どもの発達と保護者支援**
発達障害・家族システム・障害受容から考える
玉井邦夫著 ◎1600円

- **イタリアのフルインクルーシブ教育**
障害児の学校を無くした教育の歴史・課題・理念
アントネッロ・ムーラ著 大内進監修 大内紀彦訳 ◎2700円

- **ADHDの僕がグループホームを作ったら、モヤモヤに包まれた**
障害者×支援=福祉??
山口政佳著 田中康雄ゲスト ◎1600円

〈価格は本体価格です〉